식당 생존 법칙

하루 30분 제대로 돈 버는 외식 창업 성공 노하우

식당 생존 법칙

초판 1쇄 인쇄 2022년 8월 8일
초판 1쇄 발행 2022년 8월 12일

지은이 조상철

발행인 백유미 조영석
발행처 (주)라온아시아
주소 서울특별시 서초구 효령로34길 4, 프린스효령빌딩 5F

등록 2016년 7월 5일 제 2016-000141호
전화 070-7600-8230   **팩스** 070-4754-2473

값 17,000원
ISBN 979-11-92072-77-7(03320)

라온북은 독자 여러분의 소중한 원고를 기다리고 있습니다. (raonbook@raonasia.co.kr)

식당 생존 법칙

조상철 지음

RAON
BOOK

창업하지 말고 창직하자,
그래야 산다

외식업 현장에 20년 이상을 몸담고 있으면서 산전수전 다 겪어왔다. 그래서 어느 정도 역경지수가 높다고 생각했는데, 코로나19 팬데믹은 그동안 쌓아온 역경지수를 무색하게 만들었다. 경험해본 적 없는 매출과 변화의 소용돌이에 빠져 한참을 헤어나오지 못했다. 살아남아야 했다. 매출과 이익을 담보했던 대형 매장들은 정리하고 줄일 것은 줄이고 체질 개선을 하며 버텼다.

겨우 숨을 돌릴 때가 되었을 즈음 초심으로 돌아가야겠다는 생각이 들었다. 그동안 외식업의 본질을 잊어버리고 어줍잖은 잔기술로 해오지 않았나 하는 반성이 들었기 때문이다. 이러한 자아비판과 생존을 위한 전략으로 책을 쓰기로 결심했다. 책을 쓰며 마음을 다잡아 판이 바뀌고 있는 외식시장에서 낙오되지 않기 위해서였다.

원고를 한참 쓸 당시는 오미크론 변이가 경기회복에 대한 염원을 외면한 시점이었다. 연말 잠시 살아났던 소비 분위기가 하루아침에 가라

앉아 아쉬움과 근심이 더했다. 원고를 마무리한 지금은 엔데믹으로 매출이 회복되고 있다. 운영하고 있는 25개 매장의 매출이 팬데믹 이전인 2019년 대비 92% 수준까지 올라왔다. 그러나 매출은 회복되고 있지만 식자재 가격 상승과 구인난은 또 다른 시름을 불러왔다. 식용유는 1통에 65,500원에 이르렀고, 시급 15,000원에도 사람을 구하지 못해 발을 동동 구르고 있다. 이익이 감소될 수밖에 없는 환경에 직면하게 된 것이다.

이에 대응하기 위해 많은 식당들이 가격인상으로 돌파구를 찾고 있다. 여기서도 차이가 있다. 고수는 3,000원을 과감하게 올리지만 하수는 500원도 겨우 올린다. 평범한 상품력을 가지고 저가로 버텨왔던 곳들은 상품력을 올리지 않고 가격만 올려 고객들이 오지 않을까 두렵기 때문이다. 이처럼 외식 시장은 실력자들만 살아남을 수밖에 없는 판으로 빠르게 재편되고 있다. 누구나 창업은 할 수 있지만 누구나 생존할 수 있는 것은 아닌 판이 되었다. 운이 좋아서 좋은 입지를 찾았거나 인테리어가 잘 나왔다고 해서 유지할 수 있는 시장이 더 이상 아닌 것이다.

이러한 환경에서도 외식 창업과 폐업은 반복되고 있다. 얼마 전 대구에 있던 매장에서 근무했던 직원이 창업을 하고 싶다며 문의를 해왔다. 봐둔 매장이 있는데 어떤지 봐달라는 것이 주요 내용이었다. 해당 물건을 살펴보니 용도변경을 해야 하는 매장이었고 설비 투자도 필요해서 급하게 서두르지 말고 조금 더 찾아보라고 조언했다. 그는 주방에서 오랜 기간 근무한 경력자였는데, 나와 일하면서 홀 업무도 익히고 매장을 전체 관리했다. 그러나 직접 창업을 하려고 하니 뭐부터 시작해야 할지 우왕좌왕하고 있다는 것이다. 외식업 경력이 있다고 해서 바로 창업 고수가 되는 것은 아님을 보여주는 사례다. 물론 그는 누구나 생존할 수 없는 판에서 잘 헤쳐나갈 것으로 믿는다. 그처럼 뭐부터 시작해야 할지 우왕좌왕하고 있는 예비 창업자들에게 이 책이 도움이 되었으면 좋겠다. 그에게 해주었던 조언들이 이 책에 모두 담겨 있다.

그에게 가장 먼저 해준 조언은 창업에 대한 재정의였다. 창업은 '내가 일자리를 만드는 것'이다. 외식업의 시작은 창업(創業)이 아니라 '창직(創職)', 즉 직장을 세우는 것이다. 이와 관련된 내용을 1장에 담았다. 그리고 요리를 할 줄 안다고 해서 너무 극강의 맛을 내고자 하지 말고 메뉴 콘셉트와 맛의 상호작용인 상품력을 올리는 것에 몰입하라고 했다. 맛으로 결정되는 판이 아니기 때문이다. 이와 관련된 내용은 2장에 실었다. 그리고 외식업에서 경험했던 매출의 변수인 매출 공식, 가격, 단골 고객, 영업시간에 대한 고정관념을 버리고 접근해보라고 했다. 3장에 이 내용을 포함했다.

그는 조언을 받아들여 동네 근처에 작은 매장을 오픈할 예정이다. 그래서 동네에서 1등 할 수 있는 집객력에 대해 추가로 알려주었다. 이는 4장에 반영했다. 마지막으로 매출 크기보다 이익의 크기를 더 중요하게 생각하고 현금흐름을 중점 관리하라고 조언했다. 5장의 주요 내용이다.

홍콩영화 〈쿵푸허슬〉을 본 적이 있는가? 이 영화에서 주인공 '싱'은 어릴 때 절대 무공 비급 여래신장을 획득한다. 이 비급을 통해 최강의 무공을 익혔으나 실전에 소용이 없자 좌절하고 하류 인생을 살아간다. 그러나 결국 각성을 통해 여래신장을 실현하며 악을 물리치고 무림의 고수임을 확인한다. 이 영화는 누구나 고수가 될 잠재력은 있으며, 그 잠재력은 자신에 대한, 업에 대한 극의를 깨우쳤을 때 나타난다는 메시지를 보여주었다. 고수가 된 배경에는 의심하지 않고 여래신장 비급을 연마해 기본을 갖추었기에 가능했다.

　이 책은 강호에 넘쳐나는 고수들을 단번에 제압할 수 있는 절대 무공을 알려주는 비급은 아니다. 그러나 〈쿵푸허슬〉에 나오는 여래신장 비급처럼 판이 바뀌어버린 외식 창업에 대해 각성할 수 있도록 도와줄 수 있는 공부는 될 수 있다. 부디 가지고 있는 잠재력을 터트리고 고수가 되어 언택트 소비로 지친 국민들에게 위로와 응원이 되는 외식 경험을 선사해주기를 열원한다.

2022년 8월

조상철

외식 창업의 판을 바꾸는
하루 30분 Thinking

2장 상품력을 높이는
하루 30분 Action

3장 매출력을 키우는
하루 30분 Learning

4장

집객력을 올리는
하루 30분 Jump up

5장

현금력을 늘리는
하루 30분 Feedback

1장

외식 창업의
판을 바꾸는

하루 30분
Thinking

외식 창업은
창직이다

성공한 창업가 이야기에 넘어가지 말자

언택트와 함께 온라인 네트워크를 통한 전자상거래 이커머스 (E-Commerce)가 소비시장의 주류로 부상했다. 이와 관련한 소수의 성공한 스타트업 창업가들의 성공 스토리를 찬양하는 기사들이 쏟아져 나오기 시작했다. 쿠팡 미 증시 상장이 그랬고, 최근에는 마켓 컬리가 기업가치 7조 원을 목표로 상장을 추진한다는 관련기사들이 나오고 있다. 그러나 이와 반대로 성공을 위해 분투하고 있거나 성공하지 못한 절대 다수의 창업가들에 대한 이야기는 잘 들어보지 못했다. 오로지 성공한 창업가들을 부각해 창업의 본질을 성공의 크기에 두고 도전할 가치가 있는 것으로 현혹하고 있는 것 같다.

이 때문일까? 잡코리아가 대학생과 직장인 955명을 대상으로 창업 의향에 대해 조사한 결과, 대학생의 83.3%, 직장인의 82.1%가 창업을 하고 싶어 했다. 창업을 하고 싶은 이유는 '돈을 많이 벌고 싶어서'가 50.8%로 나타났다(신보훈, "대학생·직장인 10명 중 8명 '창업 원한다'", 〈아주경제〉, 2021. 5. 16.). 높은 물가상승률과 집값 급등으로 급여소득만으로는 내 집 마련이 요원하기만 하고, 취업 및 재취업 시장도 경직되어 있기 때문일 것이다.

당장 생계를 위해 돈이 필요하고, 또 많이 벌고 싶은 마음도 충분히 이해한다. 나 역시 그런 마음으로 창업을 한 적이 있었다. 그러나 모든 창업은 성공률이 낮고 장기전이며 인내력이 필요하다. 불확실하기까지 하며 생각지 못한 자금도 수시로 필요하게 된다. 창업의 세계가 화려하지만은 않다는 것이다. '돈을 많이 벌고 싶은 이유'로 창업을 시작하게 되면 '대박 창업'을 꿈꾸게 되고, 빚을 지고서라도 시작하게 된다.

그러나 이렇게 사업하는 것은 도박과 같다. 창업 후에도 돈이 많이 벌리지 않으면 성공을 목전에 두고 쉽게 포기하거나 돈을 많이 벌 수 있을 것 같은 다른 쪽으로 눈을 돌리게 되기 때문이다. 그러므로 '돈을 많이 벌고 싶어서'라는 창업 이유가 우선순위 1위인 상황이라면 창업을 보류하거나 영업을 잠시 중지하는 것이 좋겠다. 역사가 성공한 영웅의 이야기만 기록하듯이, 우리가 보는 기사나 뉴스에서도 성공한 창업가만 나올 것이므로.

창업은 나에게 집중하는 것에서부터

코로나19 이후 자영업 시장, 특히 외식 시장은 이익 확보가 더욱 어려운 고비용 구조로 가고 있다. 돈 벌기가 더욱 어려워졌다는 것이다. 나무에 올라 물고기를 구하는 불가능한 일을 무리하게 하지 말고 '돈' 이외의 다른 창업 이유를 먼저 찾아야 한다.

지속적으로 할 수 있는 이유를 찾기 위해서는 창업의 개념에 대해 다르게 바라볼 필요가 있다. 일단 창업의 사전적 정의인 '나라나 왕조 따위를 처음으로 세움'과 같은 거창한 환상은 버려야겠다. 'IPO 대박', '1000호점 대박 신화'와 같은 이야기에 현혹되지 말고 창업자인 '나'에게 집중해 창업을 바라보는 것이다. '나의 성공의 기준은 무엇인가', '나의 강점과 약점은 무엇인가'와 같은 자아 성찰부터 시작해서 '창업은 무엇인가'라는 진지한 고찰까지 해보는 시간이 필요하다.

이런 기회를 갖기 위해서는 본인이 자아 성찰을 하기에 알맞은 시간과 공간을 선택하는 것이 좋다. 등산, 카페, 산책, 여행 등 탈일상적 시간과 공간이면 더욱 좋다. 난 이동 중이거나 카페에서 커피 멍 때리면서 자성을 하는 것이 성과가 있었다.

나는 자아 성찰 없는 창업은 빠른 실패를 잉태한다는 것을 지난 2015년에 치킨 프랜차이즈 창업을 하면서 절실히 깨달았다. 돈을 벌고 싶었고, 돈을 벌기 위해 빠르게 확장해나가고 싶었다. 성공의 기준이 돈이었고, 창업은 돈을 벌기 위한 수단이었다. 그래서 시작부터 프랜차이즈를 염두에 두고 일을 크게 벌였다. 고객들에게 검증받지도 않은 레시피를 공장에 의뢰해 제품화했다. 안정되지도 않은 매장을 직원들에게 맡기고 프랜차이즈 영업을 하러 다녔다.

결국 짧은 오픈발 이후 내 약점이 드러났고 여러 사건사고들에 무방비 상태에 놓이게 됐다. 매출에 일희일비하고, 일이 생기면 그

원인을 남탓으로 돌리기 시작했다. 직원들부터 시작해서 내 치킨을 알아봐주지 못하는 고객들까지. 자존감 있고 이타적이라고 생각했던 내 창업에 대한 동력은 무익한 자존심과 이기적 마인드였다. 그것을 가지고 매장을 끌고 나갈 수는 없었다. 장기전인 창업에 버틸 수 있는 몸과 마음의 근력이 약했다. 그래서 빠르게 포기를 외쳤다. 투입된 비용과 시간들이 아른거렸지만 더 큰 손실을 볼 수 있는 매몰 비용 오류에 빠지지 않기 위해 결단을 내렸다. 그 과정에서 자아 성찰을 하고 창업에 대한 고찰을 하게 된 것이 아이러니했다. 값비싸게 치른 자아 성찰 값이었다.

창업을 하지 않더라도 '나'란 존재에 집중해보는 시간이 필요하다. 내가 누구인지, 나의 존재 이유는 무엇인지를 알게 된다면, 달콤한 유혹에 빠지거나 사건사고에 당황하지 않고 삶과 사업을 주도적으로 이끌어나갈 수 있을 것이다.

▌ 업(業)이 아니라 직(職)으로

창업에 대한 고찰 결과, 창업은 '일자리를 내가 만드는 것'으로 재정의를 내렸다. '창업(創業)'이 아니라 '창직(創職)', 즉 내가 직장을 세우는 것이다. 일자리를 내가 만드는 것이다. 누군가의 밑에서 일하기 위해 스펙을 쌓는 것이 아니라, 나를 위해서 내가 좋아하는 일을 하기 위한 스펙을 쌓고 직장을 세우는 것이다. 남의 밑에서 일하기 위한 스펙을 쌓기 위해 투입할 물질적, 정신적 자원을 창직을 위해 투입하는 것이 투자 대비 수익율이 더 높지 않을까? 더구나 정년 없는 내 직장이지 않은가.

창직을 하기 위해서는 다음과 같은 3가지 원칙을 정확하게 이해해야 한다.

필요 비용를 정해놓고 아이템 찾기

생계에 필요한 인건비를 정해놓고 가져갈 수 있는 아이템으로 직장을 세워야 한다. 내가 창직을 하지 않고 남을 위해 일할 경우 가져갈 수 있는 기회비용, 즉 급여를 기준으로 하면 된다. 이렇게 되면 노동의 대상이 달라진다. 남이 만든 직장에 다닐 때는 급여를 주는 사장의 눈치를 봐야 했다면, 내가 만든 직장에서는 고객의 눈치를 봐야 한다. 즉 고객을 위해 일을 하게 되는 것이다. 그 말은 고객의 이익을 우선한다는 것이고 이는 곧 나의 이익으로 돌아오게 되어 있다. 고객의 배가 부르면 내 배도 부르게 되는 것이다. 더욱 중요한 것은 허황된 욕심을 부리지 않고 무리한 의사결정을 하지 않게 된다는 것이다.

역할과 규칙을 정확히 세우기

고객을 위해 오래 일할 수 있는 직장을 내가 세우는 것이다. 그리고 내가 사장이라고 마음대로 할 수 있는 왕국이 아니라 직장이므로 역할과 규칙을 감안해 처신해야 한다. 외식업은 육체적 체력과 정신적 체력을 장시간 필요로 하는 노동이 매일 반복되는 곳이다. 그리고 경쟁도 치열하고 생존율도 낮다.

통계청이 발표한 '2020년 기업생멸행정통계 결과'에 따르면 외식 창업을 하면 5년 버티는 곳이 10곳 중 2곳이라고 한다. 이와 같이 생존율이 낮은 곳에서 지속적으로 일자리를 만들고 유지하려면 '창직'의 개념으로 접근해야 한다. 이렇게 하면 자질구레한 일도 솔선수범해서 하게 되고 직원들은 신뢰를 가지고 일에 임하게 된다. 신뢰로 뭉친 직원이 장기간 함께 해주면 그것보다 큰 힘이 되는 것은 없다. 오래 일할 수 있는 직장의 기초 체력이 다져지게 되는 것이다.

이타적인 창직 이유 찾기

'돈을 많이 벌고 싶어서', '다니는 회사에 비전이 없어서', '취업 및 재취업이 안 되어서', '좋은 아이디어가 있어서' 등과 같은 현실도피적이며 나만를 위한 창직 이유를 탈피해야 한다. 차별화된 '창직' 이유를 찾는 과정에서 보이지 않던 아이템을 발견할 수도 있고 지속적으로 도전할 수 있는 전략을 얻을 수도 있다. '세계평화를 위해서'라든지, '인류의 건강을 위해서'와 같은 숭고하고 위대한 이타적 이유일 필요는 없다. 그저 나에게 의미가 있는 '작은 이유'를 찾으면 된다. '창직'의 개념인 고객을 위해 오래 일할 수 있는 조건이 들어가면 더욱 좋다.

여기에 부합하는 사례가 있다. 사진작가이자 평론가인 윤광준의 《내 인생의 친구》(시공사, 2005)에 소개된 그의 부모님 이야기다. 두 분은 칠순에 해장국집을 차려서 여의도 식도락가들 사이에서 맛집으로 인정받으셨다고 한다. 칠순의 노부부가 해장국집을 창직한 이유는 "많은 사람들에게 맛있는 밥을 먹이기 위해서"였다고 한다. 맛있는 음식을 만들기 위한 노부부의 정성은 한결같았다. 사골과 소고기로 국물을 내고 갖은 양념을 해 얼큰하게 끓이면 될 것 같은 해장국에, 요즘은 잘 사용하지 않는 고비나물과 토란대, 박 줄기가 들어가는가 하면 양곱창과 들깨를 갈아 넣었다. 음식의 양도 언제나 남을 만큼 넉넉하게 담아주었다고 하니, 창직 이유가 이타적이었기에 가능한 정성이다.

노부부의 창직 이유는 곧 해장국집의 존재 이유가 됐다. 어느 위대한 창업가들의 퍼포먼스 못지않은 가치 있는 해장국이 아닐 수 없다. 그분들의 진정성 가득한 해장국에 얼마나 많은 사람들이 쓰린 속과 허기를 달래며 위로를 받았을까?

내게 맞는
'업'을 찾자

▌평안감사도 저 싫으면 그만

창직의 이유를 찾은 다음 생각해야 할 것은 나와 '업'과의 궁합이다. 내가 좋아하는 일인지, 내가 잘할 수 있는 일인지 스스로 납득을 해야 한다. 내가 좋아하면서 잘할 수 있는 일이면 가장 좋다. 그래야 오래 할 수 있다. '평안감사도 저 싫으면 그만'이란 속담도 있듯이 궁합이 맞지 많으면 오래 하기 힘들다. 창직에서 아이디어, 자금보다 더 중요한 것은 '나' 자신이기 때문이다.

내가 좋아하는 일인지 아닌지는 본인이 제일 잘 안다. 좋아하는 일을 반복하고 깊이 파고들다가 창직으로 이어지는 덕업일치 사례들도 있다. 어렵게 들어간 대기업을 나와서 취미로 하던 레고를 아이템으로 창직한 김성완 씨가 대표적이다. 내 관점에서 바라보는 레고는 장난감인데, 그에게는 업으로 다가왔고 그 일로 성공한 모습이 나에겐 퍽 인상적이었다. 그는 2008년 레고를 이용한 전시모형 제작회사 '하비앤토이'를 설립하고 2017년 국내 1호, 세계에서는 21명 뿐인 레고 공인작가가 됐다. 레고박물관을 세우는 것이 목표라고 말하는 김성완 대표는 어느 매체와의 인터뷰에서, 좋아하는 일을 업으로 하는 장점을 이렇게 말했다.

"일단 좋아하는 일을 하는 것이니 일이 정말 즐거워요. 몸도 덜 피곤한 것 같고, 아이디어도 많이 샘솟아요. 제가 노력하기에 따라 퀄리티가 달라지니 더 많이 노력하게 되고요."

▎사장노동자가 태반인 외식업

나는 아직도 매장을 오픈할 때마다 어려움을 느낀다. 심지어 오픈하기 며칠 전부터는 잠도 제대로 못 잔다. 그런데 외식업에 처음 도전하는 예비 창업자들은 외식업의 껍질만 관찰하고 쉽게들 생각하는 것 같다. 안락한 분위기와 커피 향이 감도는 카페의 낭만이 경영의 낭만으로 생각들을 하는 것 같다. 그러나 외식업은 낭만적이지 않다. 낭만적으로 보이는 동네 카페도 마찬가지다. 낭만을 보여주기 위해 사장이 해야 되는 자질구레한 일들을 예비 창업자들은 들여다보지 못한다. 실제 외식업 현장에는 사장의 역할과 노동자의 역할을 함께 수행해야 되는 '사장노동자'들이 대부분이다.

식품산업통계정보에 의하면 2019년 기준 외식업 사업체 수는 727,000개, 종사자 수는 2,192,000명이라고 한다. 사업체 평균 종사자 수는 3명이라는 의미다. 이는 5인 이상 업체들이 평균을 올려준 것이고 실제 현장에서 보이는 직원 수는 2인 이하다. 이런 매장에서는 업주가 향기로운 커피를 추출하는 것뿐만 아니라 원두 찌꺼기를 포함한 쓰레기도 버려야 하고 세금 내는 것도 챙겨야 된다. 식자재 발주, 검수, 보관 관리, 위생 관리, 조리, 고객 응대, 설거지, 청소, 매출손익 관리, 메뉴 관리, 직원 관리, 인테리어 시설 및 주방기기 관리, 마케팅, 회계 등 제대로 하려면 해야 되는 일들이 넘쳐난다. 이렇게 하는데도 직원 급여보다 못 가져가는 경우도 있다. 일과 삶의 균형을 찾는 것이 트렌드인 워라밸과는 거리가 멀어지고, 장시간 노동으로 몸은 아프기 시작한다. 진상 고객들과의 마찰로 마음도 피폐해져 간다. 낭만적이지 않다.

‘업’과 나, 아이디어, 자금과의 궁합

겉과 속을 속속들이 들여다보고 나와 맞는 업인지, 내가 잘할 수 있는 업인지 들여다봐야 된다. 가장 먼저 봐야 할 것은 내가 이타적인 사람인가다. 그래야 기계적이 아닌 진정성 있는 미소를 고객들에게 보여줄 수 있다. 손님 배가 부르면 내 배도 부르다는 생각을 할 수 있어야 한다. 외식업은 타인을 기쁘게 해줄 수 있는 업이다. 그 기쁨을 느낀 고객의 표정을 실시간으로 확인할 수 있다. 그것이 보람된 일이라고 생각할 수 있다면 된 것이다. 내가 이타적인지는 사실 나보다 주변 사람이 더 잘 안다. 답이 보이지 않으면 나를 잘 아는 주변 사람들한테 물어봐도 된다. 아마 말리는 사람들이 더 많을 수도 있다. 만류하는 사람들을 뚫고 더 전진하고 싶다면 성격검사, 적성검사 등을 통해서 도움을 받을 수도 있다.

고용노동부와 한국고용정보원이 운영하고 있는 워크넷 사이트에 들어가면 창업 적성검사를 비롯해 여러 가지 심리검사를 받을 수 있다. 창업 적성검사는 사업 지향성, 문제 해결, 효율적 처리, 주도성, 자신감, 목표 설정, 설득력, 대인관계, 자기계발 노력, 책임 감수, 업무 완결성, 성실성 등 12개의 창업 역량을 140여 개 항목으로 측정한다. 그리고 점수를 통해 창업 적합성을 알려준다. 점수에 따라 '많은 노력 필요', '노력 필요', '적합', '매우 적합'으로 구분해 알려준다. 그리고 창업 적합 업종도 1순위부터 3순위까지 제시해준다. 20분도 안 걸리고 무료다. 서울시 자영업지원센터에서 하는 20개 문항으로 된 창업 적성검사도 있다. 본인의 장단점을 파악하는 데 도움이 된다. 점 보러 가는 것보다 현실적이다.

그런데 창업 적성검사에서 체크해볼 수 없는 것은 체력이다. 외식업은 오픈하는 것보다 유지하는 것이 더 어렵기 때문에 오래 할 수 있는 동력이 필요하다. 그 동력은 내가 좋아하고 잘할 수 있는 힘이 우선이고 다음은 체력이다. 혼자서 장시간 노동으로 매장을 이끌어나가야 하는 상황을 버티려면 좋아한다고 다 되는 것이 아니다. 시간과 수고를 들여서 자금 부족을 메워야 할 수도 있다. 그래서 체력이 중요하다.

최소한 업에 나를 맞출 수 있다는 판단이 들면 다음은 아이디어와 업의 궁합을 봐야 한다. 대박 아이디어라고 생각한 것이 이미 시장에 선보여지고 있을 수도 있고 업의 트렌드에 비해 빠르거나 느릴 수도 있다. 업의 트렌드와 동향도 관찰을 해야 하는 것이다. 트렌드와 업계 동향은 한국농수산식품유통공사가 운영하는 'The 외식', '식품산업통계정보'에서 친절하게 보고해주고 있으니 참조하면 된다. 〈월간식당〉, 〈외식경영〉과 같은 업계 잡지도 같이 보면 좋다. 도서관에 가서 최근 몇 개월치를 한 번에 훑어보면 내 아이디어가 어디쯤인지 자기평가할 수 있다. 그리고 현장을 다니면서 자기평가를 통해 나온 통찰을 대입해보면 된다. 중요한 것은 모두에게 공개된 것이라 해서 중요한 자료가 아니라고 생각하면 안 된다는 점이다. 자료가 나의 아이디어에 어떤 의미가 있는지 곱씹어야 한다. 누구나 자료는 찾을 수 있고 볼 수 있다. 그러나 그것을 활용하는 사람은 소수다. 성공하는 사람이 소수인 것과 같다.

자금과 업과의 궁합도 봐야 한다. 외식업은 기본적으로 매장 임대차 비용, 인테리어 비용, 주방기기 및 기물 비용 등이 필요하다. 임대차 비용은 상권과 입지에 따라 천차만별이고 카테고리별로 필요한 주방기기도 차이가 있다. 업에서 표준적으로 사용하는 기준을 따르지 않아도 되나 카테고리별로 비용이 달라진다. 가령 판매가격을 높게 받아야 하는 아이디어라면 인테리어에도 가치가 반영되어야 한다.

분식점을 창업하는 것과 패밀리레스토랑을 창업하는 데 필요한 창업 자금은 차이가 있다. 자금에 따라 내 아이디어를 업에서 실현하지 못할 수도 있다는 것이다. 프랜차이즈 본사나 창업 컨설턴트에게 창업 문의 시 가장 먼저 창업 자금이 얼마냐고 물어보는 이유가 여기에 있다. 창업 자금이 많다고 성공하는 것도 아닌데 말이다. 아이디어를 도드라지게 할 수 있는 곳에 자금을 집중 사용하고, 나머지는 줄이는 자금 집행 기준을 가져가야 한다. 그리고 단골 고객은 하루아침에 생기지 않기 때문에 몇 달 적자가 나더라도 버틸 수 있는 운영자금을 확보해놓아야 한다. 그러지 않으면 마음은 급해지고 산으로 가려고 했던 방향이 바다로 가게 된다.

가족의 협력이 마지막 퍼즐

업과 나와의 궁합이 맞는다고 해도 가족의 협력 없이는 진행하면 안 된다. 창직하기 전에 가족의 협력을 반드시 얻어야 한다. 준비하다 보면 가족 구성원으로서 해야 하는 일들에 소홀해질 수 있기 때문이다. 그렇기에 가족에게 사전에 협력을 구해야 가족관계로 인한 스트레스를 받지 않고 창직에 몰입할 수 있다. 바쁠 때 손발 벗고 도와줄 수 있는 것도 가족이다. 나 또한 가족의 협력이 없었으면 매장을 오픈하기 힘들었을 것이다.

외식업이 낭만적이지는 않지만 노력한 만큼 티가 난다. 땀과 마음을 배신하지 않는다. 기획이 잘 안 되어도 시간과 수고를 들이면 된다. 시간과 수고를 투입할 수 있는 체력이 없으면 사전 준비를 잘하면 성과를 얻을 수 있다. 나, 아이디어, 자금과 업의 궁합이 맞고 가족의 협력과 체력이 준비됐다면 작은 왕국을 세울 도전은 시작된 것이다.

아이템 선정을 위한
Think Big 3가지

아이템 전성시대

외식 창업을 할 때 가장 중요하게 생각해야 할 요인은 무엇일까? 이에 대한 전문가들의 답변은 아이템과 입지로 나뉜다. 나는 여기에 대해 뭐가 우선이라고 단정하지 않고 '상황에 따라 다르다'라고 말한다. 우연히 좋은 조건의 매장을 알게 되어 그 매장에 맞는 아이템을 생각해볼 수도 있고, 좋은 아이디어가 떠올라서 그에 적합한 입지를 찾을 수도 있기 때문이다. 그리고 입지에 따라 아이템이 맞을 수도 있고 안 맞을 수도 있다. 입지에 따라 고객층의 라이프스타일이 다르고 식습관도 다르기 때문이다. 브랜드파워가 있는 아이템이 아닌 경우는 더욱 그렇다. 순서가 중요한 게 아니라 아이템 자체가 중요하다.

시장에는 '유망 아이템', '대박 아이템', '뜨는 아이템', '소액 창업 아이템', '틈새 아이템', '주부 창업 아이템', '성공 창업 아이템' 등 다양한 키워드로 아이템들을 포장해 예비 창업자들의 구미를 당기려 한다. 이른바 '아이템의 전성시대'다. 동네나 회사 근처에 오픈한 매장에 사람들이 꽉 차는 걸 보면 그 아이템도 괜찮은 것 같다. 주변에서 어떤 아이템이 잘되더라는 말을 들으면 그 아이템에도 관심이 간다. 잘된다는 아이템은 넘쳐난다고 하나 막상 고르기는 쉽지 않다. 당장 오픈해서 잘되는 아이템만 찾기 때문이다. 그래서 시장조사 중에 접하는 아이템들의 자극적인 수식어에 마음이 왔다 갔다 한다.

특히 '유행 창업 아이템', '대박창업 아이템'처럼 수식어가 화려한 아이템에 더 마음이 가기 마련인데, 조심해야 한다. 수명주기가 짧은 아이템일 가능성이 높기 때문이다. 이런 아이템은 전광석화같이 커졌다가 2년도 못 가서 시장에서 종적을 감춘다. 찜닭, 불닭, 육회, 무한 리필 연어 등 수많은 아이템들이 그러한 길을 걸었다. 열기가 사그라들 때 양수를 하거나 신규 창업을 하게 되면 투자비도 못 건지게 된다.

이러한 아이템으로 돈을 벌 수 있는 것은 유망 아이템을 알아보고 치고 빠지는 전략에 능수능란한 프로들이다. 이런 전략을 구사할 수 있는 것도 값비싼 경험을 치르고 얻은 것일 것이다. 초보들의 영역이 아니다. 그러니 일단 오래 할 수 있고 나하고 맞는 아이템을 찾아야 한다. 창업이 아닌 창직을 위한 아이템 선정에서 가장 중요한 원칙이다. 이를 위해 3가지 기준을 가지고 아이템을 선택하거나 아이디어를 검증할 수 있다. 그 기준은 대중성, 차별성 그리고 수익성이다.

익숙한 것이 좋다: 대중성

가장 좋은 아이템은 경쟁사가 전혀 없는, 아무도 진입하지 않은 시장에서 독점으로 할 수 있는 것이다. 그래서 이런 아이템이 있을 거라고 생각하고 특이한 것을 찾으려는 경우가 있다. 이는 실패할 확률을 높이게 된다. 독점으로 할 수 있는 것은 좋으나 그 아이템을 좋아하는 고객층이 얕으면 매출에 일희일비하는 일을 매일 경험하게 된다. 특이한 아이템을 다른 고객들이 좋아하게 하려면 더 많은 시간과 홍보 비용이 필요하다. 좋아하지 않는 고객을 좋아하게 만드는 것은 대기업이라 할지라도 성공을 담보할 수 없다. 고객들이 좋아하고 자주 먹는 대중적인 아이템을 선택하는 것이 실패율을 줄이는 길이다.

고기 시장을 예로 들어보자. 코로나19 이후 건강 및 체중 관리에 대한 관심이 높아짐에 따라 단백질에 대한 수요가 늘어나고 육류, 수산물 소비가 증가하고 있다. 코로나19에 아랑곳하지 않고 핫한 맛집으로 뜬 가게 가운데 고깃집이 많은 이유다.

어느 예비 창업자가 이러한 트렌드를 파악하고는 경쟁업체가 많은 기존의 소고기, 닭고기, 돼지고기 말고 특이한 고기 아이템으로 승부를 봐야겠다고 마음먹고 시장을 독점하기 위해 남들이 하지 않는 아이템을 찾는다고 가정해보자. 시장조사 후 아이템 리스트에 오른 것은 말고기, 염소고기, 고래고기, 악어고기였다. 이 중 우리나라에 전문점이 없는 악어고기를 최종 선택한다. 악어고기는 돼지고기나 닭고기보다 단백질 함량이 높고 지방과 칼로리는 적다고 한다. 건강함을 추구하는 트렌드에도 안성맞춤이다. 시장을 선점하기에 더할 수 없는 조건이라 생각하고 오픈을 한다.

결과는 어떻게 될까? 잠깐 화젯거리는 될 수 있겠지만, 얼마 안가 악어는 쳐다보기도 싫어지게 될 것이다. 특이하고 이색적인 아이템은 호기심에 의한 일회성 구매로 끝나고 재구매 가능성이 낮다. 그리고 호기심으로 구매하는 모험심 강한 고객층이 얇아 성공 가능성이 낮다.

다소 엉뚱한 발상이라고 할 수 있으나 사실 나는 악어고기를 아이템으로 생각한 적이 있다. 그러나 구체적으로 검토하지 않은 이유는 대중성이 결여되어 있었기 때문이다. 브랜드나 메뉴를 기획할 때는 대중성을 먼저 생각해야 한다.

2000년대 초반 패밀리레스토랑에서 근무할 때 타조 프로모션을 진행한 적이 있다. 타조 스테이크를 메인 메뉴로 하고 타조알 공예들을 전시하며 분위기를 조성했다. 경품 이벤트도 진행했다. 언론과 고객들의 관심은 끌었으나 매출에 영향을 미치지 못했다. 좋아해줄 수 있는 고객이 적어 대중성이 결여된 아이템의 한계였다.

우리나라 전체 외식 카테고리 중 가장 점유율이 높은 카테고리는 한식이다. 이는 한식이 경쟁이 심한 레드오션 시장이라는 것이다. 그런데도 한식 시장에 들어가는 이유는 대중적이기 때문이다. 매일 먹어도 질리지 않는 것만큼 매력적인 아이템은 없다. 10년 이상 영업하고 있는 맛집들의 아이템은 대부분 대중성을 우선 확보하고 있다는 것을 명심하자.

익숙한 것을 낯설게 만들어라 : 차별성

대중성을 확보한 아이템 중 대표적인 것이 김치찌개일 것이다. 대중적인 인지도와 선호도가 높은 아이템이다. 그럼 김치찌개 전문점을 하면 잘될까? 누구도 흉내 낼 수 없는 맛의 비법이 있다면 가능하다. 하지만 각 가정 내에서 통하는 비법이지 전 국민을 만족시킬 수 있는 비법은 흔치 않다. 그렇기에 대중적이고 익숙한 김치찌개를 낯설게 해서 새로움을 보여주는 것이 필요하다. 그래서 김치 품질을 높이거나 돼지고기, 꽁치, 차돌박이, 참치, 스팸 등으로 재료를 달리한 김치찌개, 먹는 방법이나 양을 다르게 해서 새로움을 주는 등 다양한 김치찌개들이 있는 것이다. 아이템을 선정하거나 개발할 때는 대중적이면서 차별성까지 확보한 아이템이어야 한다. 차별성이라는 것은 경쟁 아이템이 제공하지 않고 있는 고객 편익에 주목하면 된다.

그러나 가장 어려운 작업 중 하나가 익숙한 것을 낯설게 해서 새로움을 보여주는 일이다. 하다 보면 대중성으로 빠져서 밋밋해지거나 차별성으로 빠져서 너무 뾰족해져 적합하지 않게 된다. 대중성과 차별성의 가르마를 잘 타서 고객이 좋아할 수 있는 새로움을 전해주는 것이 중요하다. 이를 통해 대중성이 확보된 치열한 시장의 틈새를 파고들 수 있는 것이다.

그러한 사례로 최근 김밥 시장에 돌풍을 일으켰던 밥 없는 김밥 '키토김밥'을 들 수 있다. 김밥의 모양이나 형태는 변경하지 않고 본질을 유지한 채 건강을 위해 탄수화물을 줄이고자 하는 고객들의 욕구를 충족시켰다. 밥을 빼고 계란 지단을 더함으로써 건강한 마음

익숙한 것을 낯설게 해서 새로움을 보여주는 방법

차별화 방법	차별화 사례
낯선 식재료 조합	두부치즈, 트러플짜장면, 비빔밥
식재료 차별	특수 부위(모서리, 꼬들살, 뽈살), 방치탕, 가래떡 떡볶이
메뉴 조합	스시도넛, 육칼, 곱창떡볶이, 크로플
조리 방법	짚불 삼겹살, 순대 스테이크, 로제떡볶이
전문성	드라이 에이징 스테이크, 생면 파스타
그릇 / 기물	솥뚜껑 삼겹살, 신선로 파스타, 삽 두루치기
이용 목적 / 상황	장소가 아닌 음료를 구매하는 저가 커피, 돌잔치 전문 레스토랑, 브런치, 조식
덤 / 1+1	피자+치킨, 두 마리 치킨, 족발+순대
메뉴명	순대탕, 돼지곰탕, 대구탕(대구식 육개장)
음식 크기	점보라면, 대왕김밥, 뚱카롱
음식 양	산더미 불고기, 곱배기 같은 보통
서비스 방식	무한 리필, 1인 삼미, 오마카세, 코스, DIY, 한상차림
가격 차별화	소/중/대, 레귤러 / 라지, 토핑
프리미엄	한우 오마카세, 커피 오마카세
계절	도다리쑥국, 굴짬뽕
원산지	기장 곰장어, 지리산 흑돼지, 전주 비빔밥
사람	폴 바셋 커피, 고든램지버거, 김영모 과자점
그룹 형성	5대 짬뽕, 3대 떡볶이, 서울 3대 돈가스
원조 / 최초	원조 족발, 최초 비건레스토랑, 최초 이태리식당
먹는 방법	따로국밥, 짜글이, 쌈밥, 소반
영업시간	24시간, 점심만 영업, 저녁만 영업, 한정 판매
사용자 이미지	1인 샤브샤브, 어린이식당, 아재커피

이라는 편익을 제공했다. 또 '노티드'는 기존 도넛에 크림을 필링하는 방식과 디자인을 가미해서 새로움을 더했다. 도너츠를 들고 다니면서 먹기에 용이한 편익을 제공했다. 그리고 노티드 박스를 들고 다니면 힙한 느낌도 들게 한다.

'두끼'는 떡볶이를 뷔페 서비스 방식으로 변화를 주고 승승장구

했다. 떡볶이를 안락한 분위기에서 실컷 먹을 수 있는 편익을 주었다. 두부치즈와 같은 낯선 식재료 조합, 짚불구이 삼겹살 같은 조리 방법 차별화, 장소 구매가 아닌 음료 구매라는 이용 목적에 차별화를 둔 저가 커피 등과 같이 차별성을 더하는 방법도 있다. 이와 같이 기존 아이템에서 고객이 미처 알지 못하거나 느끼지 못했던 니즈나 불편함을 찾아서 해결해주면 강력한 차별성을 가진 무기가 된다.

▌어쨌든 남아야 한다 : 수익성

대중성과 차별성은 목표 고객이 관심을 가지게 하고 매장 방문 이유를 제공해 매출을 확보하기 위함이다. 대중성, 차별성을 확보했다면 마지막으로 마진을 남길 수 있는 아이템이 될 수 있는지 확인해야 한다. 마진이 확보되어야 투자한 돈을 건지고 재투자할 돈을 모을 수 있는 토대가 되기 때문이다. 현재 가지고 있는 창업 자금 범위 안에서 아이템과 합이 맞는 매장 투자, 시설 투자로 아이템을 만들어낼 수 있는지 가늠해야 한다. 외식업에서 마진을 확보하기 위해서는 인건비와 식자재비를 합한 프라임 코스트가 중요하다. 해당 아이템이 프라임 코스트 관리가 가능한지 체크해야 한다.

식자재는 구매 단위와 가격, 수급이 원활한지, 구매가격 변동이 적은지 등을 확인해야 한다. 특히 원가에 영향을 미치는 메인 식자재의 수급이 원활한지 살펴봐야 한다. 수입 식자재의 경우 통제할 수 없는 국제정치, 질병 등의 영향으로 수급이 안 될 수도 있음을 알고 있어야 한다. 내가 글을 쓰고 있는 현재 러시아가 우크라이나를 침공하고 있다. 이 전쟁이 세계평화를 기원하는 나에게도 직접적인 영향을 미칠지는 예상치 못했다. 샐러드와 캘리포니아롤을 전문으로 하는 브랜드에서 생연어를 사용하고 있는데 전쟁 이후 생연어 가격이 오르기 시작하더니 전쟁으로 수입이 안 되어 지속 공급할 수 있을지 의문이라고 한다.

코로나19로 인해 수입 식자재들의 가격 상승세가 지속되고 있는데 엎친 데 덮친 격이 됐다. 사업주 개인이 통제할 수 없는 환경이지만 대체 식자재나 대체 메뉴에 대한 플랜B를 준비해놓는 것이 좋다. 시즌에 따른 가격변동이 있는지도 체크해야 한다. 육류의 경우 명절 시즌에 가격이 올라간다. 채소도 계절 및 가뭄 등 기후 조건 등에 따라 변동이 큰 것들이 있다.

이러한 구조를 파악하지 못하면 식자재 수급이 안 되거나 가격이 갑자기 올랐을 때 영업을 할 수 없는 상황까지 갈 수 있다. 한때 메인 유흥 상권을 주름잡았던 연어 무한 리필 전문점도 연어의 수입 가격 인하를 틈타 활성화되다가 가격이 제자리를 찾아가면서 금방 시장에서 자취를 감추었다. 식자재 원가가 60% 이상 넘어가는 상황에서 한정된 매출로 버틸 수가 없는 것이다. 주점 콘셉트라 회전율도 빠르지 않아 매출 올리기에 한계가 있기 때문이다.

조리를 누구나 쉽게 할 수 있는 아이템인지도 체크해야 한다. 조리 기술이 필요해서 전문 인력으로 운영하면 인건비 부담과 주방 인력 관리로 인한 불필요한 기회비용이 발생할 수도 있다.

어떻게 창업하느냐가 이익을 가른다

이익을 결정하는 첫걸음은 창업의 형태

창직을 위한 3가지 원칙 중 하나가 생계에 필요한 인건비를 정해놓고 가져갈 수 있는 아이템으로 직장을 세우는 것이라고 했다. 이는 매출보다 이익을 확보하는 것을 우선시하는 개념이다. 많이 팔아도 안 남으면 무슨 소용인가? 남겨야 한다. 그래야 힘이 난다.

1억 원어치 팔아서 1,000만 원 남기는 것과 5,000만 원어치 팔아서 1,000만 원 남기는 것 중 어느 것이 더 나은가? 나는 후자가 더 낫다고 생각한다. 이익율이 더 높고 생산성이 높기 때문이다. 1억 원어치 파는 것보다 덜 지지고 볶아도 동일한 이익을 확보했기 때문이다. 아이템을 선정한 후에는 어떻게 팔 것인지 결정해야 한다. 즉 먼저 창업의 형태를 결정하는 것이다. 이것은 창업자의 경험, 스킬 및 개성, 창업 자금에 영향을 받는다. 그리고 창업의 형태에 따라 비용 구조가 달라져 이익률과 생산성에 차이가 있기 때문에 신중하게 생각해야 한다.

매장 임대차 비용, 인테리어 비용, 인건비 등 고정으로 나가야 하는 비용이 낮아지면 이익도 손실도 나지 않는 매출인 손익분기점 매출도 높지 않다. 이는 오픈 초기에 밀려오는 불안과 압박에서 어느 정도 벗어날 수 있게 한다.

손익분기점은 목표로 하는 이익을 내려면 매출이 얼마나 되어야 하는지, 어느 정도 비용을 써야 하는지에 대한 기준이 된다. 일반적으로 독립 창업이 프랜차이즈 창업에 비해 투자비용이 덜 들어가기는 하나 아이템에 따라 다를 수 있다. 그리고 어떤 형태를 선택하더라도 장단점이 있어서 기회비용과 기회손실이 모두 적용된다. 창업 형태별 장단점은 현재 자신의 상황과 대입해보고, 목표로 한 이익을 달성할 수 있는 형태를 선택하는 것이 좋다.

창업의 5가지 형태

창업의 형태는 독립 창업, 프랜차이즈 창업, 전수 창업, 양도양수, 동업으로 구분할 수 있다.

아이템 선정부터 입지 선정, 메뉴 개발, 인테리어, 마케팅 등 모든 것을 본인이 직접 기획, 실행하는 것이 독립 창업이다. 창직의 개념에도 적합하다. 일반적으로 아이템과 노하우가 있는 경험자들이나 소자본으로 창업 시에 독립 창업 방식을 선택한다. 그러나 코로나19 이후 외식배달 시장이 성장함에 따라 소자본 창업자들이 외식배달 프랜차이즈 선택을 많이 하기도 했다.

독립 창업을 선택한 예비 창업자 중에는 아이템과 노하우가 없는 약점을 보완하기 위해 성공한 개인 창업자에게 비용을 지불하고 노하우를 배워서 창업하는 전수 창업도 있다. 독립 창업과 프랜차이즈 창업의 중간 형태다. 전수 창업은 제대로 배울 만한 곳을 찾기가 어렵다. 그래서 직원으로 근무하다가 하거나 소개를 받아서 하는 경우가 많다. 일부 창업 컨설팅 업체나 요리학원 등에서 레시피 교육을 통해 전수 창업 형태로 영업을 하기도 한다.

전수받는 레시피, 기술 등이 개인 노하우이기 때문에 제대로 전수받기가 쉽지 않다. 그래서 전수 창업의 묘를 살리기 위해서는 노하우를 체득하기 위한 교육도 받고 몸에 익을 때까지 현장에서 실습을 하는 것이 좋다. 그리고 매장을 오픈할 때나 오픈 이후 일정 기간 지원을 받을 수 있도록 계약을 하는 것이 좋다. 주방 환경이 달라져서 맛이 100% 재현되지 않을 수도 있기 때문이다. 맛집들도 가게를 옮기거나 확장한 이후 맛이 달라졌다는 소리를 듣는 것과 같다.

양도양수 창업은 기존에 운영 중인 매장의 시설과 직원들까지 모두 양수받아 운영하는 것이다. 기존에 확보된 고객과 운영 방식이 있어 경험이 없는 초보 창업자들이 할 수 있는 형태다. 독립 창업과 프랜차이즈 창업에서 모두 나타난다. 초보 창업자들이 프랜차이즈 창업을 하려고 했다가 본사에서 기존 매장을 소개해주는 경우다. 아니면 창업 사이트나 컨설팅 업체를 통해 찾는 경우도 있다. 지인이나 단골로 가는 매장에서 거래가 되기도 한다.

양도양수 시 주의해야 할 것은 양도인이 주장하는 권리금이 적정한지 체크해야 하는 것이다. 매출, 비용, 이익에 거짓이 없는지,

시설 개보수가 필요한 부분은 없는지 등을 보고 확인하면 된다. 그리고 마음 떠난 양도인이 기존 운영 방식을 잘 가르쳐줄 수 있도록 장치를 마련해야 한다. 직원 승계 시에도 바로 그만둘 수 있으니 철저히 확인해두어야 한다. 계약하고 잔금 때까지 현장에서 근무하며 인계받는 것이 좋다.

매출이 하향 추세라면 이 방식은 고민해봐야 한다. 고수도 힘든 것이 쇠퇴기에 접어든 매장을 살리는 것인데, 초보 창업자가 하기에는 어려운 일이다. 매출이 상향 추세인 경우 권리금이 높을 것이다. 권리금이 신규 투자 금액보다 높은 경우는 주의해야 한다. 특히 브랜드나 아이템이 아닌 양도인의 영업력에 의해 매출이 오른 매장이라면 더욱 그렇다. 주인이 바뀌면 고객 이탈은 필연적이기 때문이다. 그러면 나중에 결국 지불한 권리금에 훨씬 못 미치는 권리금으로 매장을 양도하고 손해를 보게 된다. 권리금을 못 받을 수도 있다.

창업 자금이 모자라거나 기술을 갖춘 지인이 있는 경우 동업을 고려하기도 한다. 많은 사람들이 동업에 대해 부정적으로 말한다. 나는 조건부 긍정이다. 동업하고자 하는 사람이 자신의 단점을 극복할 수 있는 장점이 있어서 시너지가 날 수 있는 경우가 그렇다. 그래서 가능하면 친한 사람보다는 본인과 다른 장점이 있어 역할 분담을 할 수 있는 사람이 동업자로서 좋다.

자기주장이 강하거나 남에게 의존하려는 경향이 있는 사람은 피해야 한다. 중국 속담에 '신기료 장수 3명이 제갈량보다 낫다'라는 말이 있다. 보통 사람 여러 명이 지혜를 모으면 천재보다 낫다는 말이다. 천재도 이길 수 있는 것이 동업인 것이다. 어려움을 함께 나누고 잘못된 의사결정을 줄일 수 있다.

아이템과 경험이 없거나 주변에 멘토도 없는 경우 프랜차이즈 방식을 선택한다. 그러나 프랜차이즈보다 독립 창업을 추천하는 전문가들도 많이 있다. 잊을 만하면 프랜차이즈 본사의 갑질이나 오너의 도덕성에 관해 보도되는 기사들은 그들의 말에 힘을 실어준다. 독립 창업에 비해 창업 비용과 운영비용이 더 들어가는 단점은 있지만, 창업 준비기간부터 오픈까지 버라이어티하게 발생하는 시행착오를 줄일 수 있는 장점이 있다. 자신이 선정한 아이템이 프랜차이즈 본사가 시장에서 이미 선을 보인 것과 동일하다면 프랜차이즈를 선택하는 것이 나을 수도 있다.

프랜차이즈 본사를 아웃소싱 협력 업체로

프랜차이즈로 하기로 했다면 우선 나와 성향이 맞는 본사를 선택해야 한다. 규모만 보지 말고 본사 대표의 경력과 경영철학이 신뢰할 만한지 봐야 한다. 대기업급 프랜차이즈가 아닌 이상 오너 창업자의 태도에 따라 사업의 성패가 달려 있다.

주점 프랜차이즈 조직에 근무할 때의 일이다. 신메뉴를 매년 2회 출시했는데, 신메뉴 교육은 전 매장 집체교육으로 진행됐다. 전국에 흩어져 있는 500여 개 매장을 지역별로 구분해서 집체교육을 하다 보니 한 달이 걸렸다. 가맹점주들은 새벽 장사를 마감하고 교육장으로 졸린 눈을 비비며 달려왔다. 그리고 그들을 맞이하기 위해 대표이사 이하 임직원들도 한 달 동안 매일 새벽에 나가서 교육 준비를 해야 했다. 동영상 교육이나 방문교육 등 다른 방법들도 있으나, 가맹점주들과 직접 만나서 현장의 이야기를 들어야 한다는 대표이사의 소통 우선 경영방침으로 집체교육은 계속됐다. 이러한 노력들이 수명주기가 매우 짧은 주점 프랜차이즈 브랜드가 장수할 수 있었던 이유라고 생각한다.

대체로 대기업급 프랜차이즈는 조직이 관료화돼서 철저하게 을의 입장에서 경영을 해야 할 수도 있다. 그렇기에 규모보다는 업주 자신이 할 일을 대신해서 지속적으로 잘해줄 수 있는 조직을 찾아야 한다. 메뉴 개발, 구매, 마케팅 등 각 파트에 필요한 업무를 대신 해주며 지속적으로 소통할 수 있는 조직이 좋다.

프랜차이즈 사업의 본질은 레버리지다. 본사는 가맹점주의 투자 비용으로 브랜드를 확장한다. 가맹점주는 투자비, 물류비, 로열티 등을 지출하고 본사의 조직을 아웃소싱해서 고객관리에 집중할 수 있도록 레버리지한다. 프랜차이즈 본사가 갑질을 한다는 것은 있을 수 없는 일이다. 프랜차이즈 사업의 본질을 망각하는 것이다. 그렇기에 상담 시나 계약 시에 협력 업체를 선정한다고 생각하고 꼼꼼히 체크하고 요구사항을 당당히 제시해야 한다.

이렇게 레버리지를 잘 활용하는 가맹점주들은 매장을 2개 이상 운영하는 기업형 메가 프랜차이지(Mega-Franchisee)로 성장하는 경우가 많다. 매장 1개를 운영하면서 쌓은 자본과 노하우를 바탕으로 매장을 추가 오픈하는 것이다. 동일한 브랜드인 경우도 있고 다른 아이템인 경우도 있다. 그들은 시간, 비용이 소요되고 전문성이 필요한 브랜드 개발을 프랜차이즈 본사에 아웃소싱한다는 생각을 가지고 있다. 이익률은 오히려 본사보다 높게 나타나는 알짜배기 경영을 하는 곳이 많다.

　그러나 프랜차이즈를 선택하는 이유가 프랜차이즈가 모든 것을 다 알아서 해주기 때문에 편하게 오픈하고 운영하기 위함이라면 위험하다. 중요한 것은 프랜차이즈 본사가 모든 것을 책임져주지 않는다는 것이다. '구슬이 서 말이어도 꿰어야 보배'라는 말이 있다. 프랜차이즈 본사는 영업할 수 있도록 구슬 서 말은 제공해주지만 영업을 대신해주지는 않는다.

▌어떻게 팔 것인가

　창업 형태를 선택했다면 아이템을 어떻게 팔 것인지 결정해야 한다. 프랜차이즈를 선택했다면 본사의 매뉴얼대로 해야겠지만 독립 창업은 스스로 결정해야 한다. 아이템을 어떻게 파느냐에 따라서 틈새를 공략해 차별적 위치를 점유할 수도 있다. 다음 페이지 표와 같이 서비스 방식, 가격, 영업시간, 메뉴 수, 이용 상황 등에 따라 어떻게 팔지 결정할 수 있다. 판매와 제공 방법을 의미하는 서비스 방식만 해도 테이블 서비스, 셀프 서비스, 카운터 서비스, 스탠딩, 뷔페, 무한 리필, 드라이브 스루, 포장, 배달, 택배, 무인 판매 등에서 한 가지만을 선택하거나 복수로 선택해서 운영할 수 있다. 스타벅스의 사이렌오더와 같이 온라인과 오프라인이 결합된 O2O(Online to Offline)도 있다.

　가령 정통 스테이크를 아이템으로 선정하고 저가에 팔기로 결정

어떻게 팔 것인가

서비스 방식	가격	영업시간	메뉴 수	이용 상황
테이블 서비스	고가	조식	단일 메뉴	단순 식사
셀프 서비스	중고가	점심	코스	데이트
카운터 서비스	중가	저녁	알라카르트	가족 모임
뷔페	중저가	점심, 저녁	오마카세	회식
무한 리필	저가	아침, 점심, 저녁	세트	생일
드라이브 스루		24시간	식사 메뉴 + 주류 메뉴	파티
O2O			소, 중, 대	
무인 판매			1인, 2인, 3인, 4인	
포장			한정 메뉴(판매)	
배달				
택배				

했다면, 높아지는 원가를 다른 곳에서 만회해야 할 것이다. 이를 홀 인건비에서 해결하기 위해 셀프 서비스와 스탠딩 서비스로 운영하면 작은 매장에서도 가능해 고정비인 투자비와 인건비를 줄일 수 있게 된다. '합리적인 가격에 서서 먹는 정통 스테이크 전문점'이 되면서 이것이 콘셉트로 만들어지는 것이다. 이렇게 고객에게 합리적인 가격과 정통 스테이크라는 편익을 제시하면 우리 매장에 와야 하는 이유가 된다. 이 콘셉트를 바탕으로 상권과 입지를 선정하고 메뉴를 개발한다. 그리고 고객 편익을 차츰 더 높이면 된다.

얼마를 투자하고
팔아야 하는가

돌다리도 두드려보고 가자, 손익분기점 추정

창업 형태와 영업 방식을 결정했다 하더라도 목표이익을 확보할 수 없으면 재검토해야 한다. 전술했듯이 많이 파는 것보다 남기는 것을 목표로 해야 한다. 많이 팔아서 남 좋은 일 시키는 사업을 해서는 안 된다.

입지 선정을 하기 전에 손익분기점을 추정해보는 것이 좋다. 목표이익을 달성할 수 있는 매출도 손익분기점 공식을 통해 추정할 수 있다. 손익분기점의 손익은 손실과 이익을 말하고, 분기점은 전환이 일어나는 지점을 말한다. 즉 손익분기점은 손실과 이익이 0이 되는 지점이다. 이것은 매장을 운영하면서 최소한 올려야 하는 매출을 알려준다. 그리고 목표이익을 확보하기 위해서 얼마를 팔아야 하는지도 알 수 있다.

이는 투자할 비용과 경영하면서 발생할 비용을 예상한 숫자를 바탕으로 산출된다. 즉 투자 대비 목표이익을 달성할 수 있는지 확인하는 타당성 분석이라 볼 수 있다. 추정한 손익분기점에 따라 투자비용을 어떻게 효율적으로 적재적소에 쓸 것인지 계획을 세울 수 있다. 점포 크기가 작아질 수도 있고 2층이 될 수도 있다. 아무리 아이템이 좋고 경력이 있다고 하더라도 돌다리도 두드려보고 건너는 습관이 필요하다.

▍대형 매장과 소형 매장의 비용과 이익

손익분기점을 구하기 위해서는 우선 고정비와 변동비를 추정해야 한다. 고정비는 월세, 인건비, 감가상각비, 이자, 보험료 등과 같이 고정으로 나가는 비용이다. 변동비는 식재료비, 수도광열비, 카드수수료 등과 같이 매출에 따라 지출 금액이 달라지는 비용이다. 인건비를 변동비라고 생각하는 경우가 많은데, 영업이 잘 되든 안되든 직원에 대한 급여는 일정하게 계속 지출되어야 하기 때문에 고정비다.

고정비가 높은 대형 매장은 매출이 증가하는 호황기에 진입하면 높은 영업 레버리지를 통해 많은 이익을 확보할 수 있다. 고정비를 커버하는 매출 지점만 넘어서면 모두 이익으로 돌아오기 때문이다. 가령 고정비만 있는 A 매장이 있다고 가정해보자. 매출이 1,000만 원이고 고정비가 900만 원, 변동비가 0원인 A 매장의 매출이 10% 증가해 1,100만 원이 됐다. 매출은 증가했으나 비용은 900만 원 그대로다. 매출은 10% 증가했지만 이익은 100만 원에서 200만 원으로 100% 증가했다. 그러나 매출이 900만 원 이하로 줄어들면 고정비를 감소시킬 수 없으므로 고정비가 모두 손실이 될 수도 있다.

반면에 고정비가 낮은 작은 매장은 매출이 증가하면 이익도 함께 증가하지만 매출액 증가 비율과 이익 증가 비율이 비슷하게 나온다. 그래서 고정비가 높은 대형 매장보다 이익이 낮을 수밖에 없다. 그러나 불황에 견딜 수 있는 체력은 대형 매장보다 낫다.

손익분기점 구하는 방법

손익분기점을 계산하는 공식은 처음에는 복잡해 보이지만 개념만 파악하면 어렵지 않다. 엑셀을 할 수 있으면 다음 사례를 그대로 입력해서 숫자를 바꿔가며 몇 번 하다 보면 저절로 이해가 될 것이다. 계산기로도 몇 번 두드려보면 된다. 사례로 든 표는 계산 편의를 위한 약식으로 세금들은 제외했다.

인건비를 본인 인건비 포함해 900만 원, 월세는 목표 예산 300만 원 반영했다. 시설 및 집기 투자 비용을 5,000만 원으로 잡고 사용 가능 기간인 사용연수를 5년(60개월)으로 해서 감가상각비를 833,333원(5,000만 원 / 60개월)으로 추정했다. 변동비는 업계 평균에 해당하는 비율로 추정했다. 이렇게 고정비와 변동비를 추정한 후 손익분기점 공식에 대입하면 된다. 매출에서 변동비를 빼면 공헌이익이 되고 공헌이익과 고정비가 같게 되면 이익이 '0'이 되는 손익분기점이 되는 것이다. 목표이익 500만 원을 달성하기 위한 매출을 구하기 위해서는 고정비에 목표이익 500만 원을 더해 공식을 대입하면 된다.

손익분기점 공식을 통한 매출 추정

(단위: 원)

매출		
변동비		41.0%
	식자재	35%
	수도광열비 외	4%
	카드수수료	2%
공헌이익		
고정비		12,833,333
	인건비	9,000,000
	월세	3,000,000
	감가상각비	833,333
영업이익		

1. 손익분기점 매출액

    = 고정비 / (1 - 변동비 / 매출액)

    = 고정비 / 공헌이익률

    = 12,833,333 / (1 - 41%)

    = 21,751,412

2. 목표이익 500만 원 달성을 위한 매출액

    = (고정비 + 목표이익) / 공헌이익률

    = (12,833,333 + 5,000,000) / 59%

    = 30,225,989

손익분기점 매출은 21,751,412원으로 나왔는데, 이것보다 매출이 낮으면 손실이 발생하게 되는 것이고, 높으면 이익이 발생하게 된다는 의미다. 목표이익 500만 원을 달성하기 위해서는

30,225,989원의 매출이 나와야 한다. 이렇게 추정한 손익분기점 매출을 바탕으로 자금조달, 창업 형태, 영업 방식 등을 결정하고 예산 범위 내에서 입지를 선정하면 된다. 만약 자금조달이 원활하지 않거나 손익분기점 매출이 높다고 생각되면 고정비를 낮춰서 이익을 확보할 수 있도록 그림을 그려야 한다.

몸을 가볍게 해야 이익이 안정적이다

이제 고정비를 낮추거나 고정비를 변동비로 전환할 수 있는 방법을 알아보자. 먼저는 고정비를 줄이기 위해 좋은 상권과 좋은 입지에 대한 미련은 버리고 이면도로 깊이 들어가더라도 가시성 좋은 입지를 찾으면 된다. 추정한 월세 목표보다 더 낮춰서 점포 개발을 하는 것이다. 인테리어는 아이디어로 커버하거나 직시공하는 방법이 있을 수 있다. 주방기기도 중고 주방기기를 사용해 감가상각비를 줄여보자.

고정비인 월세를 변동비로 판을 바꾸는 전략도 세워놓자. 월세 비용을 매출에 따른 비율로 지급하는 수수료 개념으로 하는 것이다. 이렇게 되면 고정비인 월세가 변동비가 되어 손익분기점 매출이 낮아진다. 백화점과 같은 특수 상권에서는 수수료 개념의 임대차 계약이 일반적이다.

대부분의 건물주들이 고정된 월세를 받는 것을 선호한다. 그래도 나중에 후회하지 말고 시도해보자. 입지가 좋으니 매출이 어느 정도까지 오를 수 있고 월세도 더 많이 받을 수 있음을 어필하자. 다

고정비 월세 300만 원을 수수료 15% 변동비로 전환

(단위: 원)

매출	월세(고정)	수수료율	월세(수수료)
10,000,000	3,000,000	15%	1,500,000
15,000,000	3,000,000	15%	2,250,000
20,000,000	3,000,000	15%	3,000,000
25,000,000	3,000,000	15%	3,750,000
30,000,000	3,000,000	15%	4,500,000
35,000,000	3,000,000	15%	5,250,000
40,000,000	3,000,000	15%	6,000,000
45,000,000	3,000,000	15%	6,750,000
50,000,000	3,000,000	15%	7,500,000

음 표와 같이 월세가 300만 원인 경우 수수료율 15%로 적용했을 때 건물주의 입장에서는 매출이 2,000만 원을 넘으면 기존 월세를 초과하는 추가 이익을 얻게 된다.

협상이 잘 되지 않으면 미니멈 개런티 월세 카드를 준비해서 재시도해보자. 매출이 2,000만 원 이하면 수수료 15%를 적용하는 것이 아니라 200만 원 고정으로 지급하는 것이다. 고정 월세와 변동 수수료를 혼합한 방법이다.

인건비를 변동비화하는 방법도 있다. 아르바이트 중심의 채용과 유지로 탄력적으로 운영하는 것이다. 고정비뿐만 아니라 변동비도 낮출 수 있으면 낮춰야 한다. 변동비의 핵심인 식자재 수급 상황도 다시 한 번 체크해서 인상 및 하락 요인이 있는지 봐야 한다. 낮추거나 최소한 유지할 수 있도록 협상해야 한다. 이익의 핵심은 매입이기 때문이다. 비교 견적은 필수다. 판매가격도 제대로 받아서 마진을 확보한 이후에 고객에게 돌려주는 선순환을 생각해야 한다.

이와 같이 몸을 가볍게 해서 안정적인 이익을 낼 수 있는 체질을 만들어놓으면 오랫동안 할 수 있다.

입지가 판촉
수단이다

내가 잘 아는 곳이 좋은 상권이다

상권은 고정되어 있지 않다. 우리가 장사하느라 정신줄 빼놓고 있는 사이에 서서히 움직이고 있다. 현대사회에서 도시가 생명체이 듯이 도시를 구성하는 상권에도 수명주기가 있는 것이다. 그러나 과거보다 상권의 수명주기가 짧아지면서 기존 상권의 개념을 가지고 입점 전략을 세우기는 힘들어졌다. 이러한 상권의 개념 변화는 코로나19로 인해 촉진됐다. 명동, 이태원과 같은 유흥, 관광 상권이 약해지고 슬리퍼 차림과 같은 편한 복장으로 카페나 편의점, 쇼핑몰과 같은 편의시설을 사용할 수 있는 주거권역을 뜻하는 '슬세권'이 뜨게 된 것이다.

외출은 하고 싶지만 멀리 나가지 못하는 소비자들의 소비 행태를 보여주는 것이며, 화장이나 옷차림에 신경 쓰지 않아도 되는 편리함은 슬세권의 장점이다. 그래서 자신이 가장 잘 아는 상권, 즉 동네 상권이 중요해졌다. 지역 주민들의 일상에서 나오는 개성과 다양성을 새로움으로 인식하게 된 것이다. 동네 상권에 대한 관심이 커진 만큼 지역주민들의 욕구와 편리를 충족시키는 메뉴와 서비스를 제공하기 위해 끊임없이 개선해야 한다. 그러지 않으면 지역주민들은 다른 동네 상권에 관심을 가지게 된다. 홈그라운드 이점을 잃어버리는 것이다.

가장 좋은 곳은 집과 가까운 곳이다. 이런 곳은 이동하는 동선, 매장들의 흥망성쇠 및 좋은 입지에 대한 고객들의 이해도가 상권 전문가보다 높을 수 있다. 소통하는 이웃들 몇 집을 거치면 매출 현황, 건물주 성향 등의 고급 정보도 확보할 수 있다. 무엇보다 출퇴근 시간을 줄여주기 때문에 초창기에 익숙하지 않은 노동으로 쌓이는 피로를 회복하는 데 도움이 된다. 좋은 상권 찾다가 매장과 집이 멀어져서 힘들어하는 창업자들을 수도 없이 봤다.

판촉 수단이 될 수 있는 입지 특성

입지 자체가 판촉의 수단이 되는 경우가 있다. 이를 위해 입지 선정에서 확인해야 할 부분들을 알아보자.

좋은 입지의 기본 조건을 확인하라

좋은 입지의 기본 조건에는 가시성(점포를 쉽게 발견할 수 있는 정도), 접근성(매장에 쉽게 갈 수 있는 정도), 홍보성(간판 위치와 같은 매장을 알릴 수 있는 정도), 인지성(점포의 위치를 쉽게 설명할 수 있는 정도), 유연성(다양한 업종전환이 가능한 정도) 등이 있다. 그래서 좋은 입지는 마케팅 비용을 절감해줄 수 있는 훌륭한 판촉 수단이 되는 것이다. 가시성은 밤과 낮에 차이가 있을 수 있으니 비교 체크해야 한다. 그리고 계절에 따라 가시성이 다른 경우가 있다. 패밀리레스토랑에서 근무할 때 경험했던 일이다. 겨울에는 가시성에 전혀 문제가 없던 매장이 있었는데, 봄이 지나고 여름이 되니 새파란 잎이 돋아난 무성한 가지들로 인해 매장의 가시성을 방해하는 것이었다.

입지와 아이템의 궁합이 맞아야 한다

그 아이템의 필요성을 느끼는 고객층이 그 지역에 있어야 한다는 말이다. 아이템을 좋아해줄 고객층이 없는 곳에서는 아무리 입지가 좋아도 실패율을 줄이기 어렵고 자리 잡기까지 많은 시간이 걸린다. 가령 여고 앞에서 한정식은 어울리지 않는 것이다. 저녁 장사가 강한 곳에서 낮 장사 아이템으로 접근하는 것도 맞지 않는다.

자신이 잘 아는 상권일수록 이를 파악하는 것이 용이하다. 현재 살고 있는 곳에서 상권을 찾는다면, 본인이 지역주민으로서 그 지역에 필요한 아이템을 알기 쉽다. 그리고 고객으로서 상권 내에서 소비 경험이 많기 때문에 자신의 아이템과 입지가 궁합이 맞는지 판단하기도 수월하다.

저평가된 자리를 찾아라

저평가된 우량주를 찾아서 투자하는 것이 투자의 기본 전략이듯이 입지 선정에서도 마찬가지로 저평가된 자리를 찾아야 한다. 창업 자금의 많은 부분을 점포 계약에 분배해야 하고, 고정비인 월세가 낮으면 손익분기점을 낮출 수 있기 때문이다. 남들이 미처 알아보지 못하는 숨은 보석을 발견할 수 있는 가장 좋은 방법은 자신이 잘 아는 상권에서 찾는 것이다. 머릿속에 상권 내 모든 고객들의 동선, 거리 분위기, 경쟁 밀도와 매장들의 흥망성쇠를 입력하고 있어야 한다. 그러면 입지에서 중요한 접근성, 가시성 그리고 홍보성을 파악할 수 있고 저평가된 틈새 입지를 찾을 수 있다.

지나다니면서 '저 자리에는 카페가 아닌 것 같은데'라고 평가를 해보고 실제로 잘되는지 관찰하며 연습을 하는 것도 좋다. 평소의 관심이 시간 단축과 복덩이 입지를 찾을 수 있게 해준다.

입지에 따라 전략도 다르다

아이템에 맞는 입지를 찾았다 하더라도 해당 매장의 투자 비용이 자금을 초과하면 낭패다. 입지는 자금에 따라 좌우된다. 자금 상황과 입지에 따라 각기 어떤 전략을 택해야 하는지 다음 페이지 표를 보고 좀 더 자세히 살펴보자.

자금도 충분하고 입지도 좋은 A의 경우는 초보, 고수 모두 바로 실행에 옮기면 된다. 그 반대인 F의 경우는 입지 선정 작업을 다시 하거나 아이템을 변경할 필요가 있다. 상대적으로 자금이 적게 소요되는 배달 아이템으로 변경 가능한지 검토해볼 필요가 있다. 오프라인에서 온라인으로 채널을 변경해서 상권을 더 넓힐 수도 있다.

C의 경우는 자금이 부족하지만 좋은 입지에 마음을 빼앗겼기 때

자금과 입지에 따른 전략

	좋은 입지	나쁜 입지
자금 충분	A. 즉시 창업	B. 단점을 극복할 무기
자금 부족	C. 장점인 입지를 강화	F. 창업 보류

문에 포기하기가 쉽지 않다. 이때는 자금의 분배를 적재적소에 투입해서 가능성을 찾아야 한다. 우선 임대차 계약 조건의 조정을 시도해보자. 보증금이 높은 경우 보증금을 낮추고 월세를 올리는 것이다. 입지가 좋은 만큼 매출에 대한 확신이 생기면 제안해볼 수 있다. 월세가 높은 경우는 앞서 언급했던 매출 대비 수수료 비율을 정해서 지급하는 방식으로 제안을 해보자.

권리금은 해당 매장이 어떤 상황인지를 파악한 후 협상해야 한다. 영업이 안 되어서 그만두는 것인지, 건물주와 트러블이 있는지 등 이유를 정확히 짚어야 협상테이블에서 유리한 고지를 점할 수 있다. 대부분 '장사는 잘되는데 아파서 그만둔다', '돈 벌어서 더 좋은 곳으로 넓혀서 간다' 등 양도인 입장에서 유리한 멘트를 던진다. 그렇기 때문에 권리금을 낮출 수 있는 이유를 찾아서 설득해야 한다.

임대차 계약 변경이 되지 않으면 좋은 입지가 가지고 있는 접근성, 가시성의 장점을 살리는 방법을 찾아보자. 점포 계약 비용에 자금을 우선 배분하고 시설 투자에는 최소의 비용으로 할 수 있는 방법을 찾아보는 것이다. 시설 투자의 한계로 고객에게 약간의 불편함을 줄 수 있는 인테리어라면 서비스로 불편함을 극복하겠다는 전략을 세우면 된다.

B의 경우는 단점을 극복할 수 있는 무기가 있고 예비 운영자금

이 확보되어 있다면 도전할 수 있다. 나쁜 입지라고 하는 곳들은 권리금이 없거나 낮고 보증금과 월세가 낮다. 매장 임대차 비용 부담이 낮은 것이다. '낮은 임대료, 높은 수익'이라는 대박 사례를 만들어 볼 수 있는 곳이다. 그리고 경쟁자도 많지 않다. 절감한 매장 투자 비용으로 아이템에 차별성을 더하거나 마케팅에 집중해서 고객이 찾아오게 할 수 있다. 오히려 상품력을 강화할 수 있는 기회가 되기도 한다. 이러한 전략으로 접근성, 가시성이 좋지 않은 나쁜 입지에도 줄을 세우는 곳들이 있다. 간판은 보지 않고 스마트폰을 보고 소비할 곳을 찾는 고객들이 많기 때문이다. 심지어 간판을 설치하지 않고 영업하는 곳도 있다.

B의 사례로는 테라로사가 생각난다. 테라로사 초창기에 강릉 본점만 있을 때 방문한 적이 있다. 카페가 있을 거라고는 생각할 수 없는 논과 밭 사이를 지나서야 테라로사를 만날 수 있었다. 그렇게 만난 테라로사는 엄청난 규모를 뽐내고 있었다. 입지의 의외성에 이어 카페 규모의 의외성에 연속으로 허를 찔렸다. 이후 교외 상권과 입지에도 관심을 가지게 됐고 용기와 실력을 키워야겠다는 다짐을 하게 됐다.

입지의 마무리, 매장 계약

매장 계약 시에는 매장의 행정적인 조건, 시설 환경, 건물주 성향들을 확인해야 한다. 이를 잘 확인하느냐 안 하느냐에 따라 투자 비용 증감과 흥망의 성패를 가를 수 있다. 최악의 경우는 오픈한 지 얼마 되지 않아 문을 닫아야 하는 일이다. 재개발이 되거나 매장 앞에 도로공사가 되면 낭패다. 건물이 경매로 넘어가는 경우도 있다. 이를 방지하기 위해서는 건물등기부 등본, 토지등기부 등본, 토지대장, 건축물대장, 토지이용계획확인원 등을 계약 전에 확인해야 한다.

예상치 못한 비용이 투자자금보다 많이 나오게 되는 경우도 있을 수 있다. 특히 외식업이 아닌 매장을 외식업으로 사용할 경우다. 이 경우는 용도변경을 해야 되는데, 이를 위해 비용과 시간이 들어갈 수 있다. 용도변경 시에 건물에 불법건축물이 있거나 정화조 용량 등에 문제가 있으면 불필요한 마음고생을 하게 된다. 임대차 계약 후에 이러한 사실을 알게 되면 하소연 할 곳도 없다. 부동산 중개사가 기본 정보 제공과 중재를 하지만, 모르는 경우도 있고 미처 알려주지 못하는 경우도 있다. 본인이 직접 챙기지 않으면 값비싼 교훈을 치르게 된다.

계약 전에 관련 내용을 확인하고 건물주에게 용도변경을 먼저 요청해야 한다. 만약 건물주가 임차인이 해야 하는 것이라고 주장하면, 그 매장은 포기하는 것이 낫다. 경영을 하면서 얼굴을 붉힐 일이 많아질 것이기 때문이다. 오래된 건물일수록 이러한 문제가 발생할 가능성이 높으니 주의해야 한다.

시설 환경도 제대로 파악이 되어야 불필요한 지출을 막을 수 있다. 가장 먼저 정확한 매장 실면적을 실측하는 것이다. 건물주와 부동산 사무실에서 말하는 면적이 실제와 차이가 있을 수 있다. 이전 업체의 영업신고증과 차이가 있는 경우도 있다.

전기용량, 가스, 상하수도, 누수, 배기관 위치, 소방완비 필요 유무 등도 체크해야 한다. 배기관을 옥상으로 길게 빼야 해서 비용도 추가되고 민원도 해결하느라 이중으로 고생한 적이 있다. 또 영업 하루 전날 주방 물청소를 하다가 하수도가 막혀 고압 세척을 해야 했던 경우도 있었다.

지하와 지상 2층 이상은 면적에 따라 소방완비가 필수다. 소방 관련법은 갈수록 강화되고 있으니 필수 사항은 인지해야 한다. 보통 소방 대행업체에 맡기는데, 믿고 맡겼다가 낭패를 본 경우도 있다. 2층에 완강기를 설치해야 되는 상황이었는데, 내부에 설치하는 것보다는 외부에 설치하는 것이 테이블도 살리고 설치 비용도 적게 들어서 그렇게 했다. 소방완비도 받고 잘 정리됐나 싶었다. 그런데 얼마 안 가서 구청에서 완강기를 철거하라는 공문을 받았다. 벽면에 설치한 완강기가 건축선을 넘어서 위반이라는 것이다. 누군가 민원을 넣은 것이었다.

소방업체는 소방법에 따라 했다며 자신들은 책임이 없다고 하고, 소방서에서는 건축법이 상위법이라 어쩔 수 없다는 답변만 했다. 결국 철거를 했다. 양수받은 매장에서 소방완비도 양수받았기 때문에 마음 놓고 있다가 오픈 며칠 앞두고 소방완비 재발급을 못받은 경우도 있었다. 양도 업체에서 오픈 시에 신고했던 소방 설계를 영업 중 변경한 부분을 확인하지 못해 비롯된 일이었다. 시간과 비용은 물론 감정 소모까지 추가로 발생했다.

건물주에 대한 사전조사도 필요하다. 성향, 자금 상황, 거주지, 특약 사항 등을 확인하는 것이 좋다. 오래 할 수 있는 요인 중 중요한 것 하나가 건물주와의 관계이기 때문이다. 나는 건물주 컨디션을 체크할 때 거주지가 가급적이면 매장과 먼 곳을 선호한다. 10여 년 전에 프랜차이즈 기업에서 근무할 때 여대 앞에 직영점을 낸 적이 있다. 강북 지역에 거점 매장을 마련하기 위해 전략적으로 오픈한 매장이었다. 가시성, 인지성, 홍보성, 접근성, 유연성 등 기본 입지 조건을 충족시켰고 아이템과 궁합도 좋았다.

다만 건물주가 건물 4층에 거주하는 것을 간과했다. 4층 건물이었는데 지하부터 3층까지 임대를 주었고 4층은 건물주가 거주했다. 계약 시에 사람 좋아 보이던 인상으로 차고도 창고로 쓰라고 하는 등 인심을 베풀던 건물주였다. 그러나 오픈하자마자 크고 작은 간섭에 직원들이 힘들어하기 시작했다. 건물주가 술을 먹은 날은 그 도를 넘어서기까지 했다. 오죽했으면 건물주와 독대해서 마시지도 못하는 술을 대접하며 양해를 구하기까지 했으랴. 그러나 그 효과는 오래가지 못했다. 거점 매장을 확보할 수 있다는 마음에 잘 알아보지 않고 급하게 계약을 한 것이 화근이었다.

계약서에 특약 사항들은 건물주의 의도대로 작성하지 않는 것이 가장 좋다. 간혹 제소전화해조서를 요구하는 경우가 있는데, 건물주에 대한 신뢰성이 확실하지 않으면 다른 매장을 찾아보는 것이 좋다.

작게 시작하고
오래 벌자

참치도 생선, 멸치도 생선

수원에 있는 백화점 지하 2층에 있던 한식뷔페 레스토랑이 문을 닫았다. 접근성이 떨어지는 지하 2층에서 고객을 집객하는 역할을 하는 앵커 매장이었으나 코로나19로 직격탄을 맞은 것이다. 외식 트렌드를 선도했던 한식뷔페 레스토랑은 코로나19 이전 100여 개 넘는 매장들이 각축을 벌였으나 현재 10개 매장도 남아 있지 않다. 공급과잉, 식상함 등의 문제점이 지속적으로 제기됐으나 코로나19로 인해 너무나 빠르게 시장에서 사라지는 모양새다.

이들의 공통점은 대기업이 운영하며 대형 식당이라는 것이다. 대기업이라 하더라도 임대료, 인건비 등 고정비를 감당하기 힘들었을 것이다. 코로나19 기간 동안 나 또한 100평 이상 되는 2개 매장을 계약 연장하지 않고 폐업했다. 2020년 2월 23일 일요일, 대구에 있는 100여 평 규모 한식당의 매출이 2만 원을 찍었다. 외식업을 20년 이상 해오면서 처음 경험한 매출이었다. 치킨 업계를 부숴버리겠다고 호기롭게 창업했다가 장렬히 전사한 치킨 브랜드 최저 매출보다도 한참 낮은 최악의 매출이었다.

2020년 1월 20일, 코로나19 첫 번째 확진자 발생 이후 대구가 일명 '1차 대유행'의 진원지가 되면서 비롯된 사단이었다. 수개월 내로 종식될 것으로 보았던 생각은 오판이었다. 호황기에 매출이 증가하면 이익이 더 많이 늘어났던 대형 매장의 달콤함을 빨리 헤어나오지 못한 어리석음을 자책했다.

외형도 중요하지만 이익 확보와 영속성은 더 중요해졌다. 불확실성의 시대에는 고정비를 가볍게 해서 매출에 대한 부담을 줄이고 이익을 확보하며 생존력을 쌓아나가는 것이 좋다. 그러기 위해서는 작게 시작하는 것이 좋다. 작게 해서 일단 버틸 수 있도록 설계해놓고 생각을 키워나가면 된다. 내가 직장을 세우는 창직의 방법이다.

클수록 맛있는 참치와 같은 생선도 있지만 작아도 맛있고 영양도 많은 멸치와 같은 생선도 있다. 사이즈에 맞는 가치를 제공하면 되는 것이다. 자금이 적으면 필연적으로 작게 시작할 수밖에 없다. 창업 자금이 충분하더라도 리스크를 줄이고 시작하는 것이 좋다. 두 상황 모두 공통적으로 생각해야 할 것은 충분한 준비기간을 가지고 무기를 만들어서 시작하는 것이다. 그래야 좋지 않은 입지를 극복할 수 있고 오래 할 수 있는 기초체력을 갖추게 된다.

작게 시작하고 크게 생각하자

작은 매장의 장점은 입지가 좋든 나쁘든 큰 매장에 비해 고정비인 월세와 인건비가 적게 들어 간다는 점이다. 시설 투자 비용도 적어서 감가상각비도 줄일 수 있다. 이는 손익분기점 매출을 낮게 해서 매출에 대한 부담을 줄일 수 있게 한다. 손실이 나도 만회할 수 있는 정도다. 큰 이익은 아니더라도 목표로 한 자신의 인건비와 재투자할 수 있는 잉여이익을 조금씩 모아가며 자신의 직장을 지켜나갈 수 있으면 된다. 오래 벌 수 있는 것이 중요하다. 작게 투자하고 너무 큰 이익을 바라는 욕심만 주의하면 된다.

또 다른 장점은 외식경영에 관해 하나부터 열까지 모든 것을 다할 수 있게 된다는 것이다. 아는 것과 할 수 있는 것은 다르다. 매출손익 관리, 구매, 메뉴 관리, 고객관리, 서비스, 위생, 노무, 회계, 세무부터 설거지, 잔반 처리, 냉장고 성에 제거, 화장실 청소, 조명 전등 갈기까지 모든 것을 다 할 수 있게 된다. 배워서 하는 것이 아니라 생존하기 위해서 해야 하는 것이기 때문에 생생한 노하우를 가지게 된다.

모든 것을 알고 할 수 있어야 직원에게 적재적소의 일을 시킬 수 있고 효율적으로 운영할 수 있게 된다. 단, 매일 반복되는 일이지만 조금씩 더 잘할 수 있도록 마음을 써야 노하우로 축적된다. 그리고 개선한 내용들을 메모로 기록해놓는 것이 좋다. 그것은 작지만 강한 매장을 만들 수 있는 자산이 된다. 창직을 전파할 동력이 된다.

세 번째 장점은 자신의 진정성을 보여주기에 적합하다는 점이다. 본인이 정성껏 준비하고 조리한 메뉴를 전해주고 싶다는 마음을 넘치게 보여줄 수 있다. 큰 레스토랑에서는 할 수 없는 진심을 담은 인사를 고객과 나눌 수 있고, 메뉴에도 시즌에 따라 인심을 담을 수 있다. 고객이 식사하고 나갈 때 제철 귤 하나만 건네도 충분하다. 고객은 진심을 받았기 때문이다.

마지막 장점은 매장을 처분하는 것이 큰 매장에 비해 용이하다는 점이다. 어떤 이유로 매장을 넘겨야 되는 상황이 왔을 때 큰 매장은 잘 나가지 않아 남은 계약기간의 임대차 비용을 모두 지불해야 하는 경우도 있다. 원상복구를 해야 되는 경우에 작은 매장이 비용도 적게 든다. 오픈 비용도 중요하지만 폐업 비용도 염두에 두어야 한다.

물론 단점도 있다. 작은 매장이어서 주방 사이즈도 한계가 있고 저장공간을 충분히 분배할 수 없다. 이에 매일 필요한 재료를 준비하고 주문 들어온 메뉴도 조리하느라 몸이 바쁘다. 초기에는 익숙하지 않아서 시간을 더 투입해야 할 수도 있다. 고단한 노동이 필연적이라는 것이다.

그러나 역으로 협소한 저장공간으로 식재료들의 회전율이 빨라질 수밖에 없어서 고객들에게 신선한 식자재로 만든 메뉴를 제공하게 된다. 이는 고객들의 만족과 재방문 요인이 될 수 있다. 재고도 많이 안고 갈 수 없기 때문에 로스로 인한 손실도 보지 않게 된다. 그리고 노동시간 및 강도를 줄이기 위해서는 메뉴를 간소화하면 된다. 적은 메뉴를 반복적으로 하게 되면 스킬도 올라가고 메뉴 품질에 반영된다. 이는 전문점으로서 포지셔닝될 수 있어 전화위복이 된다.

강소(强小)레스토랑을 만들자

작게 시작하면 창직의 이유 중 하나인 오래 벌 수 있는 구조를 만들 수 있고 출구전략도 용이하게 실행할 수 있다. 작게 시작해도 크게 생각할 수 있다. 나는 개인적으로 '밥집', '식당', '레스토랑'을 같은 개념으로 인식하고 있는데, 많은 사람들이 레스토랑은 격이 있는 곳으로 생각하고 식당, 밥집 순으로 격을 따지는 것 같다. 그리고 그 격에는 매장 크기도 일부 반영되는 것 같다. 그렇다면 자신이 격을 올리면 된다.

작지만 강한 강소(强小) 레스토랑을 만들겠다는 목표를 가져보자. 강소 레스토랑의 첫째 조건은 영속성이다. 지속 생존할 수 있어야 한다. 둘째, 영업으로 인해 발생한 이익을 축적한 이익잉여금이 있어야 한다. 셋째, 전문성을 키워야 한다. 메뉴, 서비스, 분위기 등 어느 하나에는 전문성이 있어야 한다. 넷째, 영속성을 담보하는 단골 고객들이 있어야 한다.

마지막으로 투명한 경영이다. 작다고 해서 '사장놀이'를 하는 것처럼 경영을 해서는 안 된다. 특히 5인 미만 사업장에는 노동시간, 연차, 공휴일, 연장·야간·휴일 수당, 부당해고 등 근로기준법이 적용되지 않고 있다. 관련 법 개정들이 발의됐지만 아직 통과되지 않았다. 이를 악용해 직원들의 권리를 무시하는 경우도 있다. 기본은 지키며 경영 이슈를 직원들과 소통하면서 직원들의 참여를 유도하는 투명경영을 해야 한다.

이러한 강소 레스토랑이 많아질 때 고객들은 더 좋은 메뉴와 서비스를 받을 수 있고 외식업에 대한 인식은 달라질 수 있다. 또 업주는 '밥집', '식당'이 아닌 '레스토랑' 경영자로 존중을 받을 수 있다.

작게 시작하고 오래 벌자. 그리고 자신의 발전을 도모하는 습관을 만들자. 이것이 창직을 위한 작은 레스토랑 콘셉트의 기본이다.

작은 레스토랑은 계속해서 발전해야 한다

코로나19 이후로 식품업과 외식업 경계가 무너졌다. 그러나 시대가 변했다고 해도 결국 사람은 먹어야 한다. 먹기 위해서 만나기도 하고 만나기 위해서 먹기도 한다. 이것이 강소 레스토랑의 존재 이유다.

작은 레스토랑은 자신이 먼저 발전해야 한다. 그래야 강소 레스토랑의 조건을 지켜나갈 수 있다. 돈 벌 궁리보다 어떻게 하면 자신이 고객과 직원들에게 사랑받을 수 있을지를 우선 고민해야 한다. 본인이 성장하면 작은 레스토랑은 큰 레스토랑이 된다.

발전이라고 해서 거창하게 생각할 필요 없다. 활짝 웃는 것이 익숙하지 않으면 엷은 미소부터 시작하는 것이다. 모든 변화는 저절로 움직이는 자가 추진력을 갖고 있어 아주 작은 변화가 또 다른 변화를 일으킬 수 있다고 한다. 그러므로 엷은 미소로 시작한 변화는 활짝 웃을 수 있도록 해준다. 그렇게 나의 발전은 계속 진행될 수 있다.

출구 전략도
준비하자

손 놓고 포기하면 안 된다

장사를 시작할 때는 끝을 대략적으로라도 생각해놓는 것이 좋다. 잘 안 될 때, 잘될 때, 어중간한 상황이 이어질 때는 어떻게 할 것인지 출구전략을 마련해놓는 것이다. 역사에 만약이 없듯이 비지니스에도 만약은 없다. 만약을 생각하지 않기 위해서는 오픈 전에 철저하게 조사하고 준비해서 최적의 결정을 내릴 수밖에 없다.

잘될 거라는 긍정적인 마인드도 중요하지만 불확실성이 계속되는 외식경영 환경 아래에서는 발생 가능한 상황에 대비해 플랜B, 플랜C까지 준비해놓아야 한다. 구체적인 계획은 아니더라도 실제 상황이 도래했을 때 현명한 결단을 내리는 데 도움이 된다.

외식업에서 준비할 수 있는 출구전략은 폐업만을 의미하지 않는다. 잘될 때도 투자비를 회수하기 위한 출구전략을 세울 수 있다. 양도양수(M&A)가 대표적이다. 보통 투자비를 초과하는 권리금을 받고 매장을 매각한다. 객관적인 손익 자료와 영업 자료를 준비한 후 양수자와 협상에 임해야 한다. 매각 후 같은 방식으로 다른 곳에 오픈해서 다시 영업을 활성화시킨다는 전략을 세울 수 있으나 업계 고수가 아니고서는 쉽게 따라 할 수 있는 전략이 아니다. 자신이 고수의 반열에 올랐는지 냉정하게 평가해야 한다.

성장을 통해 투자비를 회수하는 출구전략도 세울 수 있다. 옆 매장도 임차해서 넓히거나 매장을 추가 오픈하는 것이다. 프랜차이즈 비즈니스 모델로 바꿔서 확장을 도모할 수도 있다. 이후 상장(IPO)까지 생각해볼 수 있다. 이는 창직의 이유를 기준에 두고 본인이 행복할 수 있는 방향으로 결정하는 것이 좋다.

잘되지 않을 때 '닦고, 조이고, 기름 치자'

잘되지 않을 때 출구전략은 철수인데, 언제 어떻게 할 것인지가 중요하다. 임대차 계약이 남은 경우가 문제다. 건물주는 당연히 보증금에서 남은 월세를 공제하고 줄 것이다. 원상복구까지 하고 가라고 하면 생각지 못한 비용으로 절망에 빠지게 된다. 서울 서초동 주상복합 지하에서 운영하던 200평 한식당 원상복구 비용은 8,000만 원이 넘게 들었다. 계약 만료 1년 전에 내놓았지만 대형 매장이라 거래가 되지 않았다. 양도양수도 진작에 시도했으나 대형 매장이란 이유로 거래가 되지 않았다. 결국 보증금을 잃을 수밖에 없었다.

가장 좋은 철수전략은 창업 시에 출구가 용이한 입지를 선택하는 것이다. 2015년에 치킨 프랜차이즈 창업을 했을 때 본점을 서울

건대 상권에 오픈했다. 당시 이곳은 서울의 대표적인 상권이었다. 마찬가지로 힙하기 시작했던 성수동과 비교를 하다가 건대가 더 잘 빠져나올 수 있을 것 같아 선택했다. 결과적으로 철수전략은 들어맞았다. 내놓자마자 나갔다.

다음은 최소한 투자비를 건질 수 있는 철수전략인 양도양수다. 잘되는 매장과 달리 이 경우는 거래 주도권을 양수자가 가지고 있다. 투자 비용을 최대한 회수하기 위해 과대포장한 권리금으로 욕심 부리다가는 매몰 비용에 빠져 손실이 증가될 수 있다. 임대차 계약이 만료되어 원상복구까지 해야 하는 상황을 맞이하게 되기 때문이다. 이에 시설 권리금이라도 최대한 받을 수 있도록 준비해야 한다. 영업 연수에 따른 감가상각비를 상각하고 잔존가치 금액을 기준으로 시설 권리금을 산정한다. 그러나 대체로 양수자는 그 기준을 따를 의향이 없다. 그렇기에 최소한 장부상의 가치보다 더 있어 보이게끔 하는 것이 좋다. 인테리어나 주방기기들이 관리가 되지 않은 상태라면 평가절하받을 수밖에 없기 때문이다. 주방기기의 찌든 때가 매장의 현재 상황을 나타내고, 업주의 마음을 투영한다.

굳이 광고할 필요 없다. 영업이 잘되지 않더라도 평소에 '닦고, 조이고, 기름 쳐야' 한다. 매장에 고객이 차지 않더라도 최소한 매장이 반짝반짝거리면 협상에서 밀리지 않는다. 철거를 해야 할 경우에도 관리가 되지 않은 주방기기들은 헐값도 받지 못하고 오히려 비용을 지불하고 철거해야 할 수도 있다. 최근 코로나19로 인해 폐업 주방기기들이 많아져서 폐업 업체들이 보관할 공간이 없다며 협상에 우위를 점하고 있는 실정이다.

무대포 정신과 임전무퇴 정신

결정하기 어려울 때가 잘되는 것도 아니고 잘되지 않는 것도 아닌 경우이다. 이 경우는 손익분기점을 아래위로 왔다 갔다 할 때다. 조금만 더 하면 될 것 같다는 생각이 들 수도 있다. 이때 결정할 수 있는 출구전략은 '인테리어 리뉴얼', '업종전환', '버티기' 그리고 '폐업'이다.

이때의 결정 기준은 고객 재방문의 유무다. 고객의 재방문이 지속적으로 감소되고 있다면 위험한 신호다. 상품력에 문제가 있을 수도 있고 상권 및 입지의 변화로 아이템의 수명주기가 쇠퇴기에 접어들었을 수도 있다. 이를 잘 들여다보고 결정해야 한다. 내 경우는 신규 창업보다 어려운 것이 리뉴얼이었다. 기존 매장에 대한 이미지가 고정된 것을 바꾸기 위해서는 작은 충격으로 되지 않았다. 화장으로는 안 되고 성형수술까지는 해야 고정된 이미지를 변화시킬 수 있었다. 그러기 위해서는 시설 투자를 하거나 고객들이 방문해야 하는 이유를 만들어주기 위해 생각 투자를 해야 했다.

성형수술을 할 자금이 확보되지 않았다면 원가 파괴 전략을 고려해볼 수 있다. 메인 메뉴의 핵심 식재료 품질을 좋은 것으로 올리거나 양을 늘려 가치를 높이는 것이다. 가령 메인 메뉴가 해물라면이면 냉동 해물믹스 몇 개 넣고 시늉만 낼 것이 아니라, 통오징어 한마리 제대로 올려 해물탕 같은 라면을 보여주는 것이다. 고객 반응없는 메뉴 가격 인하 현수막 붙이고 영업하는 것보다는 더 성공 확률이 높다.

재방문 고객이 없는데도 아무것도 하지 않으면서 임전무퇴의 정신으로 하면 된다고 버티는 경우는 골병드는 지름길이다. 그것은 무대포 정신이다. 매몰 비용에 빠져 더 큰 손실을 볼 수 있다. 아무것도 안 하면 아무 일도 발생하지 않는다. 해보고 검증하고 또 해봐야 한다. 그래야 실패를 해도 남는 게 있다. 임전무퇴도 실행이 있어야 할 수 있다.

폐업에도 비용이 든다

임대차 계약기간이 남아 있고 남은 기간에 나가야 되는 월세가 받을 수 있는 바닥권리금보다 적다면 휴업을 고려해볼 수도 있다. 폐업 후 갚아야 할 대출금 때문에 휴업을 선택하는 경우도 있다. 그리고 휴업 기간 동안 생활비를 대체할 수 있는 일이 있을 때 가능하다. 단, 바닥권리금을 받을 수 있는 입지여야 하고 건물주도 승인해줘야 가능한 전략이다. 휴업한 매장에 대해서도 양수자의 교섭력이 강하기 때문에 기대한 바닥권리금을 모두 받을 수 없는 리스크는 있다.

결국 양도양수가 되지 않고 철수할 때는 폐업 신고도 반드시 해야 한다. 폐업 신고를 하지 않으면 세금이 또다시 마음을 쓰리게 할 수 있다. 폐업일까지의 영업에 대한 부가가치세와 소득세를 신고납부해야 한다. 폐업 신고를 하지 않으면 미납부한 세금에 대해 가산세까지 납부해야 될 수 있다. 그렇기에 비용에 대한 증빙자료를 잘 가지고 있어야 한다. 폐업한다고 해서 꼴도 보기 싫어서 모든 것을 다 폐기해버리면 없는 곳간이 더 축날 수도 있다. 그리고 와신상담해서 새로운 사업을 위해 사업자등록증을 내려고 할 때 세금 체납으로 되지 않을 수도 있다.

그리고 언급한 대로 원상복구 비용도 들 수 있다. 임대차계약 시에 원상회복 의무의 내용과 범위에 관한 구체적인 약정이 되어 있지 않다면 원상회복을 피할 수 없고 비용에도 차이가 있다. 만세 부른다고 고통에서 해방되는 것이 아닌 것이다. 철수도 전략이다. 손실을 최소화하기 위해서는 미리 준비를 해야 한다. 시작할 때 끝을 생각해놓아야 한다는 것이다.

2장

상품력을
높이는

하루 30분
Action

외식업의 본질은
상품력

외식업의 본질을 바꾼 코로나19

외식업은 고객에게 음식을 제공하고 대가를 받는 것이다. 그런데 코로나19는 이러한 외식업의 본질을 재정의하지 않으면 안 되도록 판을 흔들어놓았다. 비대면 서비스가 일반화되면서 홈쿡으로 대변되는 내식 시장의 성장을 촉진한 것이다. 외식 시장은 이제 HMR(Home Meal Replacement: 가정식 대체식품)이나 밀키트(Meal-Kit: '식사'와 '세트'라는 뜻의 '키트'가 합쳐진 말. 요리에 필요한 손질된 식재료와 딱 맞는 양의 양념, 조리법까지 구성해 제공하는 제품) 등 간편식 상품들이 차지하기 시작했다고 해도 과언이 아니다.

이 같은 간편식 시장의 성장에 따라 제품의 종류와 메뉴 구성도 매우 다양해지고 있고, 품질도 점점 고급화하는 추세다. 소비자들의 반응 또한 높아 간편식 시장의 성장세는 앞으로도 멈추지 않을 것으로 보인다. 특히 밀키트 제품의 경우 판매 채널을 프랜차이즈 모델로 변형해 주거 상권에 빠르게 입점하며 기세를 과시하고 있다.

최근 내가 사는 동네에도 밀키트 전문점이 오픈했다. 이전에는 돈가스, 비빔밥, 국수, 찌개류 등을 판매하던 식당이 밀키트 판매점으로 바뀐 것이다. 우리 동네 외식 시장 점유율이 내려가는 순간이다.

외식배달 시장 또한 가파르게 성장하고 있다. 이전에는 배달로는 맛볼 수 없었던 다양한 메뉴의 음식들이 배달 시장에 뛰어들었다. 게다가 본식뿐 아니라 에피타이저부터 디저트, 간식에 이르기까지 배달 가능한 품목은 하루가 다르게 늘어나고 있다. 이런 시장의 변화는 경쟁자가 더 늘어났음을 의미한다. 눈에 보이는 오프라인 매장의 수는 줄어들지만, 정작 외식 시장의 경쟁 상대는 날이 갈수록 늘어나는, '겉 다르고 속 다른 현상'이 벌어진다고 할까. 내 앞집, 옆집, 뒷집 사장님들만이 경쟁자가 아니라 눈에 보이지 않는 경쟁자가 더 많아졌다는 것이다.

게다가 재미있는 집콕 생활을 가능하게 해주는 다양한 OTT (Over The Top Service: 인터넷 기반으로 동영상 등 콘텐츠를 제공하는 서비스)가 늘어나는 것도 내식 시장의 발달을 든든히 지원해주고 있다. 이제 매장으로 나오지 않는 고객들을 상대해야 하는 시대가 온 것이다.

가장 중요한 QSC(품질, 서비스, 청결)

내가 외식업을 하면서 귀에 딱지가 앉도록 들어온 것은 QSC(Quality, Service, Cleanness), 즉 품질, 서비스, 청결이 무엇보다 강해야 한다는 점이었다. QSC는 외식업의 절대불변의 원칙 같은 것이다. QSC만 개선하고 유지하면 성공할 수 있다고 전문가들은 한 결같이 이야기하곤 한다.

사실 QSC 개념은 어렵지 않다. 장사를 하기로 마음먹은 사람이 품질 좋은 제품(음식)을 서비스 정신에 맞게 청결히 제공하는 것은 어쩌면 매우 기초적인 영업 태도이기 때문이다. 그런데 왜 많은 전문가들이 창업주가 성공하지 못하는 주된 이유를 QSC의 부족으로 꼽을까?

먼저는 1장에서 언급한 창직의 이유를 바로 세우지 않아 외식업의 기본을 지킬 수 있는 준비가 안 됐기 때문이다. 그다음으로는 어떻게 해야 하는지 구체적인 방법을 모르는 것이다. 아니면 잘못된 방향으로 가고 있는 것일 수도 있다. 이는 기업형 레스토랑에 적합한 QSC에 대한 개념을 자신의 상태와 상관없이 그대로 적용함으로써 비롯된다고 생각한다. 자신이 컨트롤해서 수준을 올리고 유지할 수 있는 QSC가 필요하다.

기업형 레스토랑에서는 흔히 QCS 관리를 매뉴얼과 체크리스트를 통해 하고 고객의 소리를 통해 보완한다. 미스터리쇼퍼(고객으로 가장하고 매장을 방문한 경험을 토대로 QSC를 평가하는 사람), 고객만족도 설문조사를 통해 평가하는 곳도 있다. QSC 매뉴얼은 제본된 책자 형태로 여러 권으로 구성되어 있다. 체크리스트의 체크 항목들은 100개가 넘는다. 점장, 매니저, 캡틴 등 역할과 책임이 구분된 기업형 레스토랑에서는 각자 맡은 범위 내에서 체크하고 개선하면 되기 때문에 가능하다. 그러나 평균 3명 미만이 근무하는 외식업체 현장에서 그대로 따라하기는 힘들다. 주력 메뉴와 서비스 방식도 다르다.

가끔 지인을 통해 QSC 체크리스트와 매뉴얼 등을 요청해오는 경우가 있다. 그런 경우 항상 참조만 하고 매장 상황에 맞게 한 장으로 정리해서 업데이트해가라고 말해준다. 사장으로서 지켜나가야 되는 원칙을 중심으로 직원들과 소통하면서 만들어가면 더 좋다. 양식을 갖추고 멋을 부릴 필요도 없다. 잘 알아볼 수 있으면 되고 깨끗한 종이에 손으로 써도 된다. 가령 고객 방문 시에 인사하는 멘트를 '어서 오세요'로 시작할지 '안녕하세요'로 할지 결정하는 것이다. 직원들과 같이 만들어나가면서 업데이트하면 지켜질 확률이 더 높다. 본인의 참여 지분도 포함되어 있기 때문이다.

세 번째 이유는 품질을 소비자의 수준에 맞게 충족하지 못하기 때문이다. 품질은 QSC 중에서도 외식업의 본질에 가장 근접한 것이라고 볼 수 있다. 품질은 곧 메뉴 맛의 좋고 나쁨이라 생각해왔다. 그래서 요리를 못하는 예비 창업자들은 시작할 엄두를 못 내고 창업 후에는 극강의 맛을 내기 위해 열정을 쏟아붓는다.

그러나 극강의 맛은 내기도 어렵고 성공의 지름길도 아니다. 판이 흔들리는 외식 환경 아래에서도 고객들의 지지를 얻을 수 있었던 고수들의 비법은 맛이 절대적 요인은 아니었다. 먹고 싶게 하고, 맛있어 보이게 하고, 맛있다고 느끼게 하는 장치들이 있었다. 맛을 넘어서서 팔리는 힘, 상품력이 있는 것이다. 즉 '소비자의 구매 가능성에 대한 상품의 능력'인 상품력을 갖추어야 소비자의 선택을 받을수 있다. 따라서 보이지 않는 맛을 위해 들이는 시간과 수고를 재분배할 필요가 있다.

나는 세 번째 이유야말로 외식 시장의 판이 흔들리고 있는 현재 상황에서 가장 먼저 챙겨야 할 부분이라고 생각한다. 그렇다면 QSC를 결정하는 결정적인 요소이면서, 외식업에서 가장 본질적으로 갖추어야 할 상품력은 무엇일까?

▌상품력을 결정하는 첫 번째 변수, 메뉴 콘셉트

상품력은 HMR, 밀키트, 배달 음식들과도 싸워야 하는 총성 없는 전장에서 경쟁 상대를 제압할 수 있는 핵심 열쇠가 된다. 이 상품력을 구성하고 있는 변수들을 하나씩 들여다보면 해답의 실마리를 찾을 수 있다.

외식 관점에서 상품력은 '먹고 싶어서 구매 및 재구매하게 하는 메뉴의 능력'에 있다. 메뉴를 주문하고 싶게 하고 주문하기를 잘했다고 느끼게 하는 것이 외식 상품력의 요체다. 여기에는 일회성 구매가 아니라 재구매 가능성까지 내포하고 있다. 재구매를 하기 위해서는 만족이 선행되어야 한다. 즉 외식 상품력은 주문하고 싶게 하는 힘과 만족과 재구매를 하게 하는 힘이 상호작용되어야 한다.

주문하고 싶게 하는 힘은 고객이 직접 맛을 보기 전에 맛에 대한 기대감을 갖게 하는 것이다. 맛있어 보이게 하는 것이다. 메뉴 콘셉트가 이 역할을 한다. 이것은 고객의 욕구를 충족시켜주는 메뉴의 품질이나 편익을 개념화한 것이다. 메뉴 아이디어를 소비자 니즈 관점에서 의미 있는 메뉴로 구체화한 것이다. 메뉴 콘셉트가 돋보이는 기존 메뉴로는 오븐치킨, 눈꽃빙수, 버터라떼 등이 대표적이다.

삼청동에 중식당을 오픈할 때 나는 메뉴 콘셉트를 '담백한 중식'으로 잡았다. 자극적인 맛이 강한 대중 중식당들과 거리를 두고 싶었고, 먹고 나서도 고객들이 속이 편하기를 바랐다. 중식을 먹고 나면 속이 부대낀다는 고객들의 불편 사항을 해소할 수 있도록 간이 세지 않고 기름을 적게 쓰는 조리법을 택했다. 고객들에게 중식도 얼마든지 담백할 수 있음을 보여주면서, 건강에도 이로운 중식을 제공하고 싶었다. 이런 차별성과 필요성을 한마디로 정리하면 편익이다. 이 같은 편익은 경쟁력이 되어주었고, 삼청동 중식당은 많은 고객들에게 '담백한 중국 식당'으로 인기를 끌 수 있었다.

콘셉트에는 차별성과 필요성이 있어야 한다. 차별성은 경쟁자들이 하고 있는 것과 다른 방향으로 멀리 갈수록 확보될 수 있고, 필요성은 고객과 가까워질수록 확보할 수 있다. '경쟁자들은 저렇게 하니까 나는 이렇게 해야지'라는 생각이 들 때가 있을 것이다. 콘셉트는 그렇게 잉태된다.

상품력을 결정하는 두 번째 변수, 맛

또 다른 상품력의 변수는 만족과 재구매를 하게 하는 힘, 메뉴의 '맛'이다. 그런데 이때의 맛은 단맛, 짠맛, 감칠맛, 신맛, 쓴맛과 같은 미각적인 것에 국한되지 않는다. 맛은 소리, 냄새, 모양, 온도 등 다양한 감각과 자극에 영향을 받는다. 그리고 자극을 받은 정보가 뇌로 전달되면 축적된 기억과 정보를 조합해 뇌가 판단을 내린다. 서던캘리포니아대학교의 인지뇌과학센터와 두뇌창의성연구소의 신경문화인류학자인 존 앨런은 《미각의 지배》(윤태경 옮김, 미디어

월, 2013)에서 "맛을 보는 작용은 입안에서 일어나지만 맛을 인식하는 작용은 두뇌에서 일어난다"라고 했다. '인간은 두뇌로 음식을 먹는다'는 부제에 맞게 맛에는 인지적인 요소가 많이 개입한다는 것이다. 맛을 느끼는 것이 뇌의 작용이라면 맛은 객관적일 수도 없을뿐더러 정답도 없을 것이다. 모든 고객이 다른 생김새를 가지고 있듯이 감각기관이 동일하지 않기 때문이다. 그러나 맛에 대한 정답은 없으나 맛집들은 엄연히 현실세계에 존재하고 있다.

그런데 맛집으로 소문난 곳에 가서 먹어봐도 자신은 맛이 없게 느끼는 경우도 있다. 이때는 이런 의문이 든다. '맛이 없는데 왜 잘 팔릴까?' 반대로 본인이 맛있다고 생각하는 곳이 맛집으로 인정받지 못하는 경우도 있다. 이때는 또 다른 생각에 빠지게 된다. '내가 나이가 들어서 미각에 문제가 생긴 것인가?' 그러나 가장 중요한 깨달음은 '맛'에 대한 자신의 평가나 기준이 다른 사람의 그것과 동일할 수는 없다는 것이었다. 맛이 있고 없고의 차이가 아니라 취향이 다를 뿐이다.

내 신체적 노후함까지 고려하면서 내린, 맛에 대한 다소 무식한 정의는 '잘 팔리면 맛이 있는 것'이다. 고객들이 선택했기 때문이다. 다양한 고객들의 주관적인 맛의 기준을 통합하고 충족시켜 객관화된 맛으로 이미지화시켰기 때문에, 손님이 많은 집은 결국은 '맛집'이 된다.

맛집에는 맛을 객관화하고 맛있어 보이도록 이미지화하는 장치들이 있다. 오미(단맛, 짠맛, 신맛, 쓴맛, 감칠맛)와 매운맛을 더한 육미, 냄새, 식감, 소리, 모양, 온도, 식자재 품질 그리고 조리법이 그것이다. 이른바 상품력에 영향을 미치는 맛의 8대 요인이다. 맛집들의 고객 리뷰에는 맛의 8대 요인들을 적용해 맛을 구체적으로 설명하고 있다. 또 이를 통해 상품이 입소문을 탄다. 맛의 단서들이 노출된 리뷰들이 공유되고 동조되면서 맛집의 맛이 객관화되는 것이다. 이렇게 8대 요인으로 객관화된 맛은 만족과 재구매의 선순환이 되는 상품력의 두 번째 변수가 된다. 요컨대 팔리는 힘 '상품력'은 메뉴 콘셉트와 맛의 상호작용, 이 2가지로 결정된다.

주문하고 싶게 하는 힘, 메뉴 콘셉트

고객을 이롭게 하는 것이 편익이다

메뉴를 주문하고 싶게 하기 위해서는 메뉴 콘셉트를 잘 잡는 것이 중요하다. 고객이 우리 메뉴를 주문하고 싶은 이유가 되기 때문이다. 메뉴 콘셉트를 기획할 때는 우선 고객에게 어떤 가치를 제안할 것인지 고려해야 한다. 데이비드 아커는 《데이비드 아커의 브랜드경영》(이상민 옮김, 비즈니스북스, 2003)에서 "가치제안은 고객에게 가치를 제공하는 브랜드가 주는 기능적이고, 정서적이며, 자아표현적인 편익을 말한다. 효율적인 가치제안은 브랜드와 고객 관계를 만들어내고 구매를 결정하게 한다"고 했다.

메뉴가 제안할 수 있는 기능적 편익의 대표적인 것은 배고픔을 해결하고 목마름을 해결하는 것이다. 식당 수가 적었던 과거에는 배고픔을 해결하는 것만으로도 고객들을 찾아오게 할 수 있었을 것이다. 지금은 어림도 없다. 끼니를 때우기 위한 실용적인 외식은 밀키트와 HMR도 가능한 상황이다. 배고픔을 해결하기 위한 단순한 기능적 편익으로는 매장으로 나오지 않는 고객들의 소비 행동을 변화시킬 수 없다. 기능적 편익은 맛, 음식 양, 식재료, 조리법 등을 통해서 제안할 수 있다. 기능적 편익의 보기는 다음과 같다.

- 짜장면 맛이 나는 치킨
- 100시간 숙성 돈가스
- 국처럼 먹는 수프카레
- 갈치 한 마리 통째로 나오는 통갈치구이
- 생선 알과 고니가 들어간 짬뽕
- 수제비와 칼국수를 같이 먹을 수 있는 칼제비
- 따뜻한 국물 쫄면
- 쌈 싸 먹는 김치찌개

즐겁게 해주거나, 나를 표현해주거나

메뉴를 먹고 난 후 긍정적인 느낌을 준다면 정서적 편익을 제공하는 것이다. 감각적 즐거움을 주는 정서적 편익을 가장 잘 제공하는 카테고리는 디저트다. 형형색색의 다양한 메뉴들로 고객들의 감각을 사로잡는다. 롤케익, 마카롱, 크로플, 애프터눈 티, 까눌레 등 히트 메뉴들이 지속적으로 나오며 디저트 시장은 진화하고 있다.

최근 외식 트렌드 중 레트로 트렌드를 반영한 메뉴들이 정서적 편익을 잘 설명해준다. 쑥떡, 흑임자 케이크, 양갱, 찹쌀도넛, 옛날

통닭 등이 대표적이다. 기성세대에게는 추억을, MZ세대에게는 재미를 전해주고 있다. 이외에도 정서적 편익의 다른 보기는 다음과 같다.

- 한방삼계탕을 먹으면 느끼는 에너지
- 화덕피자를 먹고 이탈리아에 온 듯한 느낌을 받음
- 도다리쑥국을 먹는 것은 봄을 먹는 것
- 키토김밥을 먹고 다이어트 효과를 얻은 것 같은 만족감
- 작은 사치를 느끼게 해주는 디저트
- 안전함을 전달하는 수제 음식
- 심적 부담 없이 먹을 수 있는 1인 메뉴

자아표현적 편익은 메뉴를 통해 자신의 이미지를 전달하는 방법이다. 메뉴가 전할 수 있는 최고의 가치제안이다. 자아표현적 편익은 사회적 지위, 개성, 소속감, 자기과시 등의 욕구를 충족시켜준다. 외식업에서는 자아표현적 편익을 담아내기가 쉽지 않다. 메뉴는 생산과 소비가 동시에 발생하고 소유할 수 없기 때문이다. 자아표현적 편익은 가격과 상관관계가 높다. 메가 커피를 테이크아웃해서 들고 다니는 것과 블루보틀 커피를 들고 다니는 자아 이미지는 다를 것이다.

하루가 다르게 가격이 오르는 한우는 계급 음식이 된 지 오래다. 한우도 정육식당에서 먹는 한우와 한우 오마카세가 전달하는 자아표현적 편익은 다르다. 그러나 가격이 비싸다고 해서 자아표현적

편익을 전달하는 것은 아니다. 대선 시즌만 되면 각 후보자들은 시장에 들러 떡볶이나 어묵을 먹는 유세 활동을 한다. '검소하고 평범한 시민'이라는 자아표현적 이미지를 전달하기 위함이다. 코로나19 이후 안전 및 환경에 대한 관심이 더욱 증대되고 있다. 건강만큼이나 비중이 높은 외식 소비 키워드가 됐다. 이를 통한 자아표현적 편익을 표현하는 것도 방법이다. 자아표현적 편익의 다른 보기는 다음과 같다.

- 좋은 엄마임을 전달해주는 유기농 이유식
- 환경을 생각하는 소비자임을 표현하는 우리밀 메뉴
- 공정무역 커피를 마시면 사회문제에 관심을 기울이는 의식 있는 이미지를 표현
- 미식가를 판별하는 기준 메뉴, 홍어
- 술을 좀 아는 사람임을 알려주는 싱글몰트 위스키
- 아재들의 음식, 국밥
- 자기관리하는 이미지를 보여주는 샐러드

메뉴 콘셉트의 화룡정점, 메뉴명

고객에게 주는 편익이 명확하면 그 자체가 콘셉트가 된다. 경쟁 메뉴로부터 차별성과 고객의 필요성을 모두 갖춘 콘셉트가 된다. 경쟁 메뉴로부터 차별성은 경쟁 메뉴보다 좋게 하겠다는 생각보다는 다름을 보여주겠다는 것을 염두에 두면 좋다. 편익 중 하나만을

전달할 수도 있고 기능적 편익과 정서적 편익을 함께 전달할 수도 있다. 유기농 샐러드는 다이어트에 도움을 주는 기능적 편익과 안전이라는 정서적 편익 그리고 환경을 생각하고 자기관리를 잘하는 사람이라는 자아표현적 편익까지 제공할 수 있다.

이와 같이 3가지 편익을 모두 제공할 수 있으면 이상적이다. 그러나 메뉴는 소유해서 가지고 다니며 보여줄 수 있는 것이 아니므로 자아표현적 편익을 전달하는 것이 어렵다. 그렇기 때문에 자아표현적 편익을 보여줄 수 있는 메뉴는 차별화된 상품력을 높일 수 있다. 배고픔을 해결하는 것을 넘어 자아실현을 지지해주는 메뉴 콘셉트로 상품력을 높여보자.

메뉴 편익에 고객과 소통할 수 있는 메뉴명을 부여해줘야 메뉴 콘셉트가 완성된다. 외식업에서는 브랜드명뿐만 아니라 메뉴명도 중요하다. 메뉴명이나 메뉴 편익이 브랜드명으로 사용될 수도 있기 때문이다. 부산 서면에 위치한 60년 전통 '마라톤'의 시그니처 메뉴는 '마라톤'이다. 서울 상수역 근처에 있는 고깃집 '산더미불고기'의 시그니처 메뉴는 '산더미불고기'다. 메뉴명은 타 메뉴와 구별되는 최초의 정보를 제공하고 식당의 이미지에도 영향을 미친다. SNS 마케팅의 좋은 소재도 된다.

프랑크 델로는 《브랜드 네이밍》(정경일 옮김, 커뮤니케이션북스, 2014)에서 "소비자들이 제품 네임에 대해 불편을 느낀다면 그들은 그 제품을 피하게 될 것이고, 이는 바로 판매 손실로 이어진다"라고 했다. 메뉴 네이밍으로 고객과 소통되지 않으면 주문하고 싶게 하는 힘을 가질 수 없다는 것이다. 그렇다면, 불편을 주지 않고 판매 기회를 창출하는 메뉴명은 어떤 것일까?

장사가 잘되는 집이 맛집이듯이 메뉴가 잘 팔리면 좋은 메뉴명이다. 고객들의 검증에 의해 나온 결과이므로 반박할 수 없다. 메뉴 편익과 트렌드 등을 반영하며 산고 끝에 만든 메뉴명보다 아무 생각 없이 막 지어낸 메뉴명이 잘 팔릴 수도 있다. 그러나 경험상 성공 확률은 고민을 거듭한 메뉴명이 높았다. 메뉴 네이밍 방법은 다음과 같다.

- 카테고리 일반 명칭을 그대로 사용: 탕수육, 김치찌개, 돈가스
- 식재료 차별화를 표현: 부추탕수육, 묵은지김치찌개, 흑돼지 돈가스
- 원산지/지명 활용: 광동 탕수육, 전주 김치찌개, 나고야돈가스
- 기능적 편익을 서술: 목화솜탕수육, 7분 김치찌개, 산더미불 고기
- 흥미 유발 네이밍: 엄마는 외계인, 못난이김밥, 대왕 꼬꼬동
- 두 메뉴를 결합한 조어: 피탕, 돈김치찌개, 프라푸치노, 칼제 비, 크로플
- 감성적 네이밍: 사랑해탕수육, 할머니손맛 김치찌개,
- 언어 유희적 네이밍: 달콤탕슈, 닭이울면,

잘 지은 메뉴명 하나 열 마케터 안 부럽다

탕수육만 가지고도 다양한 네이밍을 할 수 있다. 고객의 기대를

자극해서 팔릴 확률이 높은 탕수육은 다름을 표현한 수식어가 붙은 탕수육일 것이다. 이와 같이 어떤 메뉴인지 직관적으로 알 수 있는 메뉴명이 기본이 되며, 여기에 다름을 표현할 수 있는 수식어가 붙으면 효과적이다. 궁금증을 불러일으킬 수 있는 메뉴명은 신규 오픈 때나 신메뉴 출시할 때 도움이 될 수 있다.

서울 연남동에 있는 '연하동'의 '대왕꼬꼬동'과 '연어국수'를 예로 들 수 있겠다. '대왕꼬꼬동'은 양이 많은 가라아케동 콘셉트를 재미있게 표현했다. '연어국수'는 면 요리로 연상하기 쉬운데, 연어를 길고 가늘게 썰어 내놓은 연어회 메뉴다. 반전의 묘미가 있다. 코로나19 시국에 용감하게 오픈해서 웨이팅이 긴 맛집으로 성공하게 해준 비법 중 하나다.

인천에 위치한 짐승파스타의 '월터 감바스 알 아히요'란 메뉴는 단골 손님 닉네임을 메뉴명에 넣어서 이야깃거리를 제공했다. 원래 메뉴명은 '감바스 알 아히요'였는데 월터라는 단골손님이 해당 메뉴를 수십 번 이상 주문해 감사의 표시로 메뉴명을 변경했다고 한다. 이로 인해 SNS에서 한동안 화제가 됐다(김소정, "메뉴명에 고객 이름 넣어 난리 난 '짐승파스타'", 〈이데일리〉, 2020. 11. 18.). 잘 지은 메뉴명 하나가 열 마케터 안 부러운 것이다.

단, 메뉴명 네이밍 할 때 주의할 것은 고객들에게 기대를 준 만큼 품질은 기본적으로 갖추어야 한다는 것이다. 이름값 못하는 메뉴는 매출 하락의 원흉이 된다. 그리고 메뉴 수가 많은 매장인 경우 이색적인 메뉴명들로만 나열하는 것은 좋지 않다. 고객들의 메뉴 선택장애를 초래할 수 있다.

메뉴 수가 적은 매장은 메뉴명 네이밍에 많은 생각을 투자하는 것이 좋다. 특히 매장의 이미지를 표현하는 시그니처 메뉴, 마진이 좋은 메뉴, 미끼 메뉴 네이밍에는 투자를 해야 한다. 결과는 노력에 비례한다.

재방문을 일으키는
음식 맛의 8대 결정 요인

음식 맛의 기본, 오미

기본적으로 맛에는 오미(五味), 즉 단맛, 짠맛, 신맛, 쓴맛, 감칠맛이 있다. 오미는 혀의 맛봉오리로 감지한다. 매운맛은 통각으로 분류되어 오미에는 포함되지 않으나 고객들의 절대적 지지를 받고 있는 맛이라 육미(六味)라 했다. 맛있는 음식은 육미 중 하나의 맛만 유일하게 강하고 두드러지는 게 아니라 육미가 균형 있게 잡힌 맛이다. 흔히 '깊은 맛'이라고 이야기하는 것이다. 가령 단맛만 있는 음식을 맛있다고 평가할 수 있을까? 설탕물을 생각해보라. 짠맛만 있는 음식을 맛있다고 평가할 수 있을까? 소금물을 생각해보라.

그럼, 이 단맛과 짠맛 이 2가지를 더하면 어떻게 될까? 맛과 관련된 유행어인 '단짠단짠'이 된다. 단 음식에 소금을 뿌리면 단맛이 더욱 도드라지게 되는 것이다. 이를 뒷받침하는 연구 결과도 있다. 일본 도쿄 치대 연구팀에 의하면 몸속에 에너지를 공급하는 특정 단백질로 인해 소금을 먹으면 단맛을 느끼는 신경이 더 빨리 활성화된다고 한다(이지현, "과일에 소금을 뿌리면 단맛이 강해지는 이유…단서 찾았다", 〈한국경제〉, 2020.10.7.). 과일에 소금을 뿌리면 더 달게 느낄 수 있다. 하나의 맛으로는 미각을 충족시키지 못하고 2가지 이상 더해져야 하는 것이다.

이를 가장 대표적으로 보여주는 식품은 커피다. 유대준은 《커피 인사이드》(해밀, 2011)에서 "커피 맛은 4가지 기본 맛(신맛, 짠맛, 단맛, 쓴맛)의 결합으로 나타나며 이 중 신맛, 짠맛, 단맛은 전체 커피 맛 중에서 더 뚜렷하게 나타나는데 이런 맛을 내는 성분이 많이 들어 있기 때문이다"라고 했다. 쓴맛만 있을 거라 생각한 커피 맛은 사실 다른 맛도 존재했던 것이다. 그것도 감칠맛만 제외하고 4가지 맛을 가지고 있으니 세계 최고의 기호식품이 될 수 있는 것이다.

최근 힙한 카페들은 영리하게 4가지 맛이 기본인 커피에 크림이나 우유를 추가해서 감칠맛과 단맛을 더해 상품력을 높이고 있다. 쓴맛을 뺀 것이다. 서울 성수동에 있는 카멜커피의 '카멜커피'와 을지로에 있는 카페, 호랑이의 '호랑이라떼'가 그것이다.

맛의 동반자, 냄새(향)

맛에 있어서 냄새의 영향은 크다. 이와 관련된 많은 연구들이 있지만 나는 코로나19 감염자의 증상을 통해 그것을 확인할 수 있었다. 감염된 지인의 이야기를 들어보면 힘든 것 중의 하나가 냄새를 못 맡아서 어떤 음식을 먹어도 맛이 없다는 것이다. 후각 기능의 저하는 미각 기능의 저하도 초래하는 것이다. 생각해보니 일곱 살 된 딸 서영이에게 약 먹일 때 코를 잡고 먹였더니 아이가 좀 덜 힘들어 했던 기억이 난다. 진화생물학 박사 밥 홈즈는 《맛의 과학》(원광우 옮김, 처음북스, 2017)에서 "우리가 경험하는 대부분의 맛이라는 게 사실은 맛이 아닌 냄새의 결과물이다"라고까지 했다. 이 점을 명확히 검증하려면 사과 조각과 양파 조각을 준비한 후 코를 막고 그 맛의 차이를 판별해보면 된다고 홈즈는 쓰고 있다.

제비꽃 향과 시트러스 향이 나지 않는 와인은 어떤 맛일까? 다크 초콜릿 향이 나지 않는 커피를 맛있게 마실 자신이 없다. 이러한 냄새를 자극해서 맛의 기대치를 높이거나 맛의 완성도를 높일 수 있다. 삼청동에 중식당을 오픈할 때 냄새를 활용한 적이 있다. 트러플오일을 짜장면에 접목한 것이다. 짜장소스의 묵직함을 뚫고 나오는 트러플오일의 이질적이고 강렬한 향이 재미있어서 인기 메뉴가 됐다. 짜장면 가격을 인상할 수 있는 명분도 챙겼다. 특히 출시한 지 얼마 지나지 않아 어느 연예인이 짜파게티에 트러플오일을 뿌려 먹는 장면이 전파를 타면서 인기를 더했다.

입안에서 사르르 녹는 맛, 식감

식감은 감각기관 중 촉각에 해당되며 음식을 씹었을 때 입안에서 느끼는 감촉이다. '입안에서 사르르 녹는 맛'이란 표현이 식감을 대표적으로 표현해주는 말이다. '부드러운', '딱딱한', '바삭바삭한', '쫄깃쫄깃', '질긴', '말랑말랑한', '물컹물컹한', '꼬들꼬들한' 등의 어휘로도 식감은 표현된다. 식감이 강조되는 음식은 회, 스테이크가 대표적이다. 회를 주문할 때 활어와 자연산이 씹는 맛이 더 좋느니, 스테이크를 어떻게 구워야 고기의 식감이 더 좋다느니 의견들이 나뉜다. 라면을 놓고도 '꼬들한 게 좋다', '퍼진 게 좋다'를 놓고 전문가적 설전을 벌인다. 식감이 맛에 영향을 미치기 때문이다. 정답은 개인 취향이다.

나는 '물컹물컹한' 식감을 싫어해서 도토리묵이나 메밀묵을 좋아하지 않는다. 등산 후에 일반적으로 먹는 도토리묵을 먹게 되는 상황에서도 난 채소 위주로 먹는다. 그런데 도토리묵을 말린 것을 먹었을 때는 접시를 내 앞으로 두고 먹었다. 쫄깃쫄깃한 식감에 뇌가 경계를 해제하고 맛있는 음식으로 해석한 것이다. 같은 식재료인데 식감의 차이에 따라 맛을 다르게 느끼게 된 것이다. 말린 도토리묵은 일반 도토리묵에 비해 가격 프리미엄도 있다.

일반적으로 고객들은 하나의 식감만 느끼는 것을 좋아하지 않는다. 그래서 수프를 제공할 때는 바삭거리는 크루통을 올리는 것이다. 씹는 식감을 지닌 스테이크에는 부드러운 식감의 감자를 함께 제공한다. 부드러움과 씹는 느낌의 식감 간에 균형을 맞춰주는 것이 중요하다. 동탄에 샐러드 브랜드를 오픈할 때 식감에 신경 썼다. 야채의 아삭거리는 식감을 보완하기 위해 견과류의 딱딱한 식감으로 씹는 맛을 보완했다.

지글지글 시즐감, 소리

넘쳐나고 있는 먹방 콘텐츠에서 빠질 수 없는 것이 ASMR이다. ASMR은 자율감각 쾌락반응(ASMR, Autonomous Sensory Meridian Response)의 약자로 뇌를 자극해 심리적인 안정을 유도하는 영상이나 소리 등을 말한다. 우리가 유튜브에서 접하는 대표적인 ASMR은 소리 감각, 특히 음식을 씹는 소리를 극대화해 맛을 보여주려는 것이다. 'ASMR 유튜버'라는 카테고리가 생겨날 정도로 전 세계적으로 인기가 높다. 다양한 질감의 디저트를 먹는 입 모양과 소리만으로 많은 구독자를 확보한 유튜버도 있다고 한다. 잘 튀긴 치킨을 한 입 베어 물면 나오는 바스락거리는 소리를 들으며 먹는 치킨은 아무리 먹어도 살이 안 찐다는 믿음으로 오밤중에 치킨을 주문하게 만든다. 주문하지 않고 잠자리에 들 경우 치킨의 바스락거리는 소리가 자는 내내 아련히 들려올 것이다.

외식업에서 소리는 먹는 방법과 상호작용해 활용되고 있다. 뚝배기에 끓여져 나오는 김치찌개와 가스버너나 인덕션에서 보글보글 끓이며 먹는 김치찌개 중 어느 것이 더 맛있게 느껴지는지는 익히 짐작할 수 있을 것이다. 돼지껍데기를 구울 때 톡톡 튀는 소리는 어떤가? 철판에서 스테이크가 익으며 지글지글거리는 소리는 현기증 나게 한다. 중식당 주방에서 들려오는 경쾌한 웍(Wok) 소리도 맛을 기대하게 만든다.

메뉴 사진을 촬영할 때 시즐감을 내달라는 주문을 종종 한다. 시즐감은 식욕을 돋우는 지글지글 내는 소리인데, 사진에서 소리가 날 수 없는 일이다. 맛있어 보이게 찍어달라는 것이다. 시즐감을 활용해 줄을 세우는 식당도 있다. 일산에 위치한 '전민규의 황제누룽지탕'에서는 누룽지탕을 주문하면 고객이 보는 앞에서 뜨거워진 돌솥에 누룽지탕을 부어준다. 누룽지탕이 돌솥에 닿자마자 '치직치직' 하는 소리를 내며 식욕을 돋운다.

샐러드 메뉴를 개발할 때는 아삭거리는 소리의 야채를 추가해서 샐러드 맛에 영향을 미치도록 했다. 기본 야채로 많은 비중을 차지하는 로메인과, 적근대가 줄 수 있는 오감이 제한됐기 때문이다. 아삭거리는 적양파, 파프리카 등을 함께 먹었을 때 입안에서 느끼는 감각과 청각을 결합시키고자 했다.

보기 좋은 떡이 먹기도 좋다, 모양

인간은 정보 중에 약 80% 이상을 시각을 통해 얻는다고 한다. 음식의 냄새를 맡거나 맛을 보기 전에는 시각을 통해 먼저 맛을 보게 되는 것이다. 만약에 파란색의 햄버거가 있다면 과연 먹고 싶은 생각이 들까? 보기에 좋은 떡이 먹기 좋은 것이다. '인스타그래머블'한 비주얼이 SNS에 오르내리고 '힙함'의 기준이 되면서 시각적인 효과를 주는 것이 더욱 중요해졌다.

모양은 음식 그릇, 음식 양, 고명, 색깔, 담음새 등을 통해서 표현된다. 전반적인 모양을 가장 극대화한 분야는 분자요리일 것이다. 이것의 기본은 재료가 가진 맛과 향을 유지하면서 형태를 자유자재로 다양하게 변화시키는 것이며 다양한 형태 속에서 예술성을 찾는 것이다. 분자요리 사진들을 보면 하나의 예술작품처럼 느껴진다.

그릇만 바꿔줘도 다른 느낌을 전해줄 수 있다. 일반적으로 작은 그릇은 공간에 여유가 없어 더욱 푸짐하게 보인다. 일본식 덮밥 전문 점의 그릇들은 주로 지름이 작고 높이가 있는 그릇을 사용한다. 토핑을 높이 쌓아 올려서 푸짐하게 보이고 입체감 있게 보이는 효과가 있다. 큰 그릇은 공간에 여유가 생겨 고급스럽게 보이게 할 수 있다.

주점 프랜차이즈에서 근무할 때 일반적인 두루치기 메뉴에 다름을 덧셈하기 위해 접시가 아닌 삽 모양의 철판에 제공한 적이 있다. 일명 '삽두루치기'였다. 고객들은 열광했고 일본 방송국에서도 촬영 요청이 들어오는 등 효자 메뉴로 자리매김했다. 신선로 그릇에 파스타를 담아내어 인기를 끌고 있는 곳들도 있다. 대중화되고 있는 파스타에 다름을 담아 정서적 편익을 제공하기 위함이었을 것이다.

음식 양을 먹음직스럽게 조정해도 맛에 대한 기대를 높일 수 있다. 푸짐하게 보이는 양도 맛을 자극한다. 서울 상수역 근처에 있는 고기집 '산더미불고기'의 시그니처 메뉴인 산더미불고기를 예로 들 수 있다. 1인 300g을 불고기판에 산 모양으로 쌓아 올려서 제공한다. 서울 공항동 원조 복순이 민속촌의 닭도리탕도 '산더미닭도리탕'이라고 부를 만하다. 깻잎과 채소를 아낌없이 산더미처럼 쌓아서 제공한다.

고명을 양식에서는 '가니쉬(Garnish)'라고 할 수 있다. 양식에서는 가니쉬를 통해 맛과 영양의 균형을 잡는다. 가령 요리에 채색을 해서 보는 즐거움을 제공하고, 고기에 의해 산성화되기 쉬운 혈액을 알카리성의 채소로 중화시켜서 균형을 잡는 것이다. 우리는 쌈을 주먹만 하게 크게 싸서 균형을 잡는다. 스테이크만 제공하는 접시와 대비되는 색깔의 채소 가니쉬를 곁들인 접시 중 어느 것이 더 맛있어 보이는지는 설문조사를 하지 않아도 알 수 있다. 모히토에 라임을 가니쉬하지 않으면 불완전한 맛을 보여주게 되는 것이다.

색깔의 균형과 조화로운 배색을 통해서도 음식의 맛을 자극할 수 있다. 건강한 느낌도 전달할 수 있다. 건강한 음식을 블랙 푸드, 레드 푸드, 퍼플 푸드 등과 같이 범주화해서 이야기들을 하는 것도 이 때문이다. 지난 2016년도에 운영 중이던 한상차림 콘셉트의 한식당 영업 상황을 개선하기 위해 칼라테라피 컨설팅을 받은 적이 있다. 한상차림으로 나와서 푸짐해 보이기는 하는데 임팩트가 약하다는 이야기들이 계속 나와서다. 음식 색깔의 균형, 음식 색깔과 건강, 음식과 건강의 조화 등을 중점으로 진단을 받으며 개선 사항을 제안받았다. 정량적인 성과는 얻지 못했으나 직원들이 고객들에게 음식을 내기 전 상차림의 모양에 대해 주의를 기울이기 시작하는 등 교육의 효과는 얻을 수 있었다.

담음새는 음식을 그릇에 담은 모양새다. 음식 양, 색깔, 그릇과도 관련이 있지만, 식재료를 담는 순서나 배치를 다르게 하는 작은 노력에도 고객이 느끼는 편익에는 차이가 있다. 피라미나 작은 민물고기를 팬에 동그랗게 기름에 튀긴 후에 고추장 양념에 조린 음식인 도리뱅뱅이가 대표적이다. 동그랗게 나란히 정렬되어 있는 도리뱅뱅이를 보고 있노라면 소주 한잔 생각이 절로 난다. 객단가도 올릴 수 있는 것이다.

요컨대 보기 좋은 떡이 먹기도 좋다. 보기 좋게 하는 것은 맛을 내기 위한 다른 노력보다는 수월하다. 흔히 마지막 고명으로 올리는 깨소금을 뿌리더라도 갈아서 뿌리든지 다르게 해보자.

▌ 따뜻한 음식은 따뜻하게 차가운 음식은 차갑게, 온도

아무리 맛있는 치킨이라도 식으면 맛이 떨어진다. 미지근한 콩국수는 어떤가? 따뜻한 음식은 따뜻하게, 차가운 음식은 차갑게 제공하는 것이 기본이다. 온도에 따라 감지되는 맛이 다르기 때문이다. 미각 연구가 스즈키 류이치는 《미각력》(이서연 옮김, 한문화, 2015)에서 "인간은 체온에 플러스마이너스 25~30℃의 음식을 좋아한다고 한다. 따뜻한 음식이라면 60~70℃, 차가운 음식이라면 0~10℃ 정도를 좋아하는 것이다. 아마도 혀를 데우거나 식히기 위한 최적의 온도 차이기 때문일 것이다"라며 맛에 미치는 온도에 대해 설명했다. 그래서 과일은 상온에서 보관한 과일보다 냉장고에 보관된 차가운 상태의 과일의 당도가 일반적으로 더 높다.

국물 요리의 경우 뜨거운 상태에서는 짠맛을 잘 못 느낄 수도 있다. 국물이 식었을 경우 짠맛을 강하게 느낀 경험들이 있을 것이다. 뜨거운 국에 맛 모른다는 속담이 괜한 소리가 아니다. 돈가스, 치킨, 햄버거, 짜장면, 탕수육과 같은 기름진 음식은 따뜻할수록 감칠맛이 난다. 기름진 음식은 온도가 내려가면 기름이 액체 형태보다는 고체 형태로 변하면서 맛이 없게 느껴진다. 온도와 냄새도 상호작용하는데 온도가 내려가면 냄새도 약해지므로 상품력이 떨어지게 된다. 배달 대기 시간이 길어지고 있는 외식배달 시장의 약점 중의 하나라고 할 수 있다.

공부하면 높일 수 있는 식자재 품질

식자재 품질은 계절, 원산지, 품종, 식자재 조합, 식자재 업체, 유통 방법, 검수 방법, 보관 방법, 손질 방법 등에 따라 차이가 발생한다. 원재료의 맛을 강조하는 메뉴 콘셉트일 경우에는 식자재 구매와 관리에 특별히 관심을 분배해야 한다. 좋은 식자재를 사용하기 위해서는 좋은 식자재를 지속적으로 구매할 수 있어야 한다. 좋은 식자재를 구매하기 위해서는 사용하는 식자재에 대한 이해가 우선이다. 계절에 따른 당도, 수율, 원산지, 품종, 가격 등에 대한 정보를 가지고 있어야 적합한 구매를 할 수 있고 검수할 때 기준에 미치지 못하는 식자재를 판별할 수 있다.

가장 많이 사용하는 식자재 중의 하나인 쌀의 경우 다양한 품종이 있다. 등록된 품종만 300개가 넘는다고 한다. 커피, 와인처럼 품종에 따라 맛과 물성이 다르듯이 쌀도 마찬가지다. 커피, 와인은 품종에 따라 사용 용도를 달리한다. 쌀도 그렇게 하면 충분히 다름을 보여주고 상품력을 높일 수 있다. 메뉴 콘셉트에 따라 적합한 쌀 품종을 찾아서 사용하는 정성을 보이면 고객들은 호응해준다. 그리고 쌀을 체크할 때 가능하면 금이 가거나 깨진 쌀이 없는 완전미를 고르는 것이 좋다. 진정한 하얀 쌀밥의 색깔과 향이 어떤 것인지 알 수 있다. 이런 쌀로 지은 밥은 별다른 반찬도 필요 없다. 밥이 메인 메뉴가 되는 것이다. 반찬이 메인이고 밥이 보조로 된 현재 한식당의 상차림에 대해 다른 생각을 해볼 필요가 있다. 현재 운영하고 있는 철판볶음밥 브랜드에서는 신동진 품종을 사용하고 있다. 밥알이 다른 품종보다 커서 식감이 좋고 밥을 볶을 때 밥알마다 기름 코팅이 잘 되기 때문이다.

식자재를 조합해서 콘셉트를 도출할 수도 있고 맛에 영향을 줄 수도 있다. 어울리지 않을 것 같은 조합이 나올 때 상품력은 더 높아진다. 짬뽕에 알과 고니를 조합한 중식당, 두부와 치즈를 조합한 샌드위치로 줄을 세우고 있는 브런치 카페를 예로 들 수 있다. 식자재 조합이야말로 맛은 창조하는 것이 아니라 발견하는 것임을 보여준다. 머릿속에 연구소를 하나 만들어놓고 이것저것 식자재를 조합해보자. 누구든지 '유레카!'를 외칠 수 있다.

조연을 주연으로, 조리법

조리법에는 끓이기, 찌기, 조리기, 굽기, 튀기기, 볶기, 데치기 등이 있다. 조리법에 따라 같은 식재료라도 다른 맛이 나며, 식재료마다 가장 잘 어울리는 법이 있다. 달걀만 하더라도 다양한 조리법으로 맛과 식감을 다르게 줄 수 있다. 조리법에 따라 주연 메뉴가 되고 조연 메뉴가 되기도 한다. 달걀프라이도 한쪽 면만 익힌 서니사이드 업, 양쪽 모두 익히기는 하나 노른자만 덜 익힌 에그오버이지, 완전히 익힌 에그오버하드, 스크램블, 오믈렛 등이 있다. 삶은 달걀도 삶은 강도에 따라 완숙과 반숙이 있다.

최근에는 브런치 카페가 늘어나면서 수란(Poached Eggs)이 인기다. 수란은 끓는 물에 달걀을 넣고 흰자만 살짝 익혀서 먹는 것인데 빵 위에 올려 잼처럼 발라서 먹는다. 대표적인 메뉴가 에그베네딕트다. 달걀이 주연이 되는 메뉴이다. 수란을 브런치나 양식 메뉴에만 활용하지 않고 한식 메뉴에도 응용한 사례도 있다. 대구 중앙로역 근처에 있는 동아식당에서는 김치볶음밥에 수란을 올려서 익숙하지만 다름을 보여주고 있다. 발 빠른 생각 전환과 실행으로 이 집도 줄을 세우고 있다.

퍽퍽살로 외면받아온 닭가슴살은 밀봉된 봉지에 담긴 재료를 특정 온도의 물로 천천히 가열하는 조리법인 수비드 조리법이 유행하면서 효자 식재료로 떠올랐다. 체중 조절을 위해 퍽퍽한 닭가슴살을 먹어야 했던 이들에게는 매우 반가운 일이었을 것이다. 부드럽고 촉촉한 닭가슴살을 먹을 수 있으니 말이다. 이와 같이 조리법의 변주를 통해서도 상품력을 올릴 수 있다.

하루 매출을 3배로
껑충 뛰게 한 상품력 공식

우리가 아는 맛은 그 '맛'이 아니다

외식 창업을 준비하는 분이나 현장에 있는 분들의 가장 큰 고민 중의 하나는 '맛'일 것이다. 고객이 남기고 간 음식이 쌓인 잔반 통을 보노라면 절로 한숨이 나온다. 고객이 식당 선택 요인 중 '맛'을 가장 중요한 것으로 뽑고 있기 때문에 그 시름은 더 깊어진다. 그러나 막상 고객에게 음식 맛에 대해 평가를 해달라고 하면 구체적인 설명을 듣지 못하는 경우가 많다. 주로 많이 나오는 평가가 '맛있다', '맛없다'와 같은 단순한 응답들이다. 그래서 맛에 대한 조사를 할 때는 숫자로 평가를 하게 해서 나온 평균을 활용하는데, 개선을 위한 통찰을 얻기에는 부족하다.

앞서 이야기했지만 맛은 주관적이다. 개인이 축적해온 식사 경험, 이용 상황, 감정 상태, 공복 상태, 동반인 등에 따라서 맛에 대한 반응이 달라질 수 있는 것이다. 즉 고객의 '맛있다', '맛없다'라는 평가는 미각에만 한정되지 않는다. 또한 맛은 주관적인 성격이 가장 강한 미각인 육미를 기본으로 한 오감과 식자재 품질, 조리법 등 맛의 8대 요인의 총합임을 의미한다. 육미를 중심으로 맛의 8대 요인, 즉 맛과 메뉴 콘셉트의 상호작용에 대한 평가가 맛에 대한 총체적 평가다. 상품력에 대한 만족도를 평가하는 것이다.

▌상품력 공식

어떻게 하면 맛있게 할 수 있을까? 또 어떻게 하면 맛을 유지할 수 있을까? 나는 맛의 주관적 기준을 배제하기 위해 객관화할 수 있는 상품력의 공식을 만들어 활용하고 있다. 상품력은 메뉴 콘셉트와 음식 맛의 상호작용이라고 했다. 다음은 이를 도식화한 것이다.

$$\text{상품력} = \frac{\text{메뉴 콘셉트(고객 편익 + 메뉴명)}}{\text{주문하고 싶게 하는 힘}}$$

$$\times$$

$$\frac{\text{음식 맛(육미[六味] + 냄새 + 식감 + 소리 + 모양 + 온도 + 식자재 품질 + 조리법)}}{\text{만족과 재구매를 하게 하는 힘}}$$

상품력은 고객의 이익을 전제로 한다. 이것이 메뉴 콘셉트에서 명확해야 하고 고객의 이익을 경험할 수 있도록 음식 맛의 8대 요인을 완성해야 한다. 음식 맛의 8대 요인을 통해 맛에 대한 단서를 제공해 맛을 객관화하고 메뉴 콘셉트와 상호작용해 이미지화할 수 있다. 즉 주관적인 맛을 객관화할 수 있는 것이다. 고객들이 흔히 하는

'맛있다'란 평가에서 '수비드로 조리해서 닭가슴살이 부드럽고 맛있다'란 평가로 바뀌게 할 수 있다. 이는 입소문을 촉진할 수 있는 동력이 된다.

상품력 공식을 활용하는 방법은 간단하다. 예를 들어 김밥의 상품력을 높인다고 해보자. 밥 없는 김밥, 키토김밥 콘셉트가 인기를 끌며 김밥의 프리미엄화가 지속되고 있다. 이 트렌드에 편승해 '건강미 넘치는 단백질 김밥'을 콘셉트로 잡았다고 가정하자. 그렇다면 현재의 김밥 구성 요소를 펼쳐놓고 뺄 것은 빼고 더할 것은 더하면 된다.

건강함을 강조하기 위해 김, 쌀과 같은 기본 식자재의 좋은 품질은 더한다. 탄수화물을 줄이기 위해 밥의 양을 줄인다. 단백질과 식감을 높이기 위해 스테이크를 추가한다. 참기름을 빼고 트러플오일을 더해 향미를 강조하고 김밥의 격을 높일 수도 있다. 이와 같이 요소 가감의 변주를 통해 상품력 공식을 완성한 후 실험 조리를 통해 디테일하게 맛을 설계하면 김밥의 상품력을 높일 수 있다.

상품력 공식은 도전할 때 진화한다

얼마 전 프렌치프라이를 케첩에 찍어 먹는 것보다 더 맛있는 방법을 발견했다. 일곱 살 된 딸을 통해서다. 어느 날부터인가 딸아이가 프렌치프라이를 케첩이 아닌 소프트아이스크림에 찍어 먹기 시작했다. 딸아이의 권유로 한번 먹어봤더니 따뜻한 프렌치프라이가 입안에서 아이스크림을 더 빨리 녹게 해서 단맛이 더 올라갔다. 프렌치프라이의 짠맛은 억제되고 감칠맛이 도드라졌다.

이를 통해 우리가 기존에 알고 있던 맛의 공식, 상품력의 공식이 생각보다 훨씬 유연하고 개방적이라는 것을 알았다. 우리는 어쩌면 '맛'에 대해서도 고정관념이나 관성에 젖어 있는 것이 아닐까 하는 생각도 더불어 하게 됐다. 맛은 경험의 빈도와 정도에 따라 인지 과정에 영향을 미친다는 것을 체감하게 됐다.

외식업 현장에 있다면 지속적으로 입맛을 바꿀 필요가 있다. 자신의 머릿속에 입력된 상품력 공식이 언제나 정답일 수는 없기 때문이다. 싫어했던 음식에도 도전해보고 새로운 맛을 수용할 수 있을 때 상품력 공식은 더 잘 돌아간다.

일 매출 87,100원에서 3,243,500원으로

상품력 공식을 활용할 때 주의할 것은 음식 맛의 8대 요인을 모두 더하는 것은 과유불급이며, 메뉴 콘셉트와 일치해야 한다는 사실이다. 모두 더하는 것이 가장 이상적이기는 하나 에너지가 많이 소요되고 완벽을 꾀하다가 타이밍을 놓칠 수도 있다.

서울 삼청동에 있는 돈가스 매장을 리뉴얼할 때의 일이다. 일식 돈가스, 라멘, 덮밥을 주로 판매하는 매장이었는데 하루 매출이 87,100원까지(2016년 2월 15일) 떨어진 상황이었다. 입지가 나쁘지 않은 매장이어서 상품력 높이는 것을 리뉴얼 전략으로 잡았다. 파사드, 내부 인테리어, 주방시설 등은 건드리지 않는 것을 전제로 했다. 상품력의 첫 번째 변수인 메뉴 콘셉트는 '1인 삼미(三味)'였다. 이것저것 골라먹기를 좋아하는 고객들의 욕구를 충족시켜주고 기존 식당에서는 하지 않는 상차림을 선보이고 싶었다. 메뉴 콘셉트에 따라 맛의 8대 요인 중 모양에 집중하기로 했다. 수제돈가스, 냉면, 보리비빔밥을 원 플레이트에 제공하는 모양으로 계획했다. 담음새, 그릇, 음식의 양 등의 모양으로 고객에게 기능적 편익을 제공하고자 했다.

다음 그래프와 같이 다른 맛의 8대 요인은 상대적으로 빼거나 강도를 낮추었다. 완벽한 상품력에 필요한 점수를 10으로 두고 맛의 8대 요인을 더하거나 빼면서 기준을 만들어나갔다. 효과는 금방 나타났다. 하루 매출이 3,243,500원까지 뛰었다(2016년 5월 7일). 방송 촬영 요청도 들어오고, 백화점에도 입점하는 성과를 거두었다. 상품력 공식 효과를 톡톡히 본 것이다.

삼미식당 상품력 공식 활용 사례

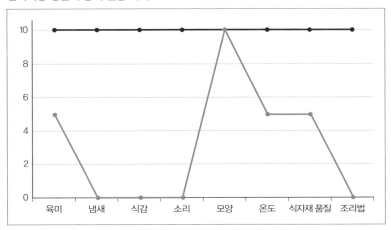

상품력 공식으로 맛을 레버리지하자

창업 전과 후 상관없이 상품력 공식을 활용할 때는 매장 개성과 주방 환경을 감안해야 한다. 사실 이 부분이 어렵다. 현재 가지고 있는 매장 개성과 시설 내에서 하려고 하면, 할 수 있는 것이 제한되기 때문이다. 창업 전에는 시설 투자 비용이 부담스러워질 수 있다. 메뉴 콘셉트와 맛의 8대 요인을 높여 판매가격을 높게 설정하면 그에 따른 매장 평수, 인테리어, 주방 공사 및 시설 등이 갖추어져야 상품력이 통하기 때문이다.

특히 조리법이나 모양을 강화할 때는 기존 시설로는 실행하기 힘들거나 추가 투자 비용이 발생할 수도 있다. 튀김기가 없는 매장에 튀김 조리법으로 변경하는 경우, 음식 양을 더하기 위해 큰 그릇으로 바꾸려고 하는데 테이블이 작아서 적용하지 못하는 경우를 예로 들 수 있다. 삼미식당의 사례처럼 기존 카테고리 내에서 현금 투자 없이 생각 투자로 먼저 시도해보는 것이 좋다.

가장 이상적인 것은 메뉴 콘셉트가 좋고 음식 맛의 8대 요인이 모두 조화롭게 포함된 상품력이 높은 식당이다. 외식 천재들이 기획해 빠른 시간 내 고객들의 욕구를 사로잡은 맛집들이 이에 해당된다. 콘셉트는 없는데 음식 맛의 8대 요인이 높으면 처음에는 잘되지 않지만 단골들이 생기기 시작한다. 한적한 상권에서 작은 식당을 오랜 기간 운영하고 있는 재야의 고수들의 식당들 가운데 이런 유형이 많다. 이런 곳은 업력이 쌓이듯이 콘셉트도 쌓이게 되어 상품력이 높아진다.

성공하는 맛의 비법은 없다

상품력 공식은 맛(육미)만 있으면 팔린다는 위험한 생각으로 맛에만 투자하는 비효율적 경영을 하지 않도록 도와주는 방패 역할을 해준다. 최고의 맛을 내는 비법을 찾기 위한 시간과 금전적 노력을 덜어주는 역할도 더불어 기대할 수 있다. 주위를 보면, 잘되는 가게에서 큰돈을 주고 비법을 사 오고도 장사에 실패하는 경우가 많다. 이런 사장님들은 장사에 실패한 뒤에 돈주머니를 들고 또 다른 비법을 살 만한 식당을 찾아다닌다. 그런데 과연 두 번째는 성공할까?

대중들을 대상으로 하는 이상, 최고의 맛은 없다고 생각하는 것이 좋다. 모든 고객들이 미각이 발달되고 훈련된 미식가들이 아니기 때문이다. 맛의 달인이라고 할 수 있는 호텔 셰프 출신들이 창업해서 실패하는 경우도 있다고들 한다. 최고의 맛이 성공 창업의 보증수표가 될 수 없다는 것이다.

자기가 추구하는 맛을 창조하는 것이 아니라 대중이 원하는 맛을 발견해야 한다. 좋은 맛이 필요한 것이 아니라 '팔리는 상품력'이 필요한 것이다. 게다가 우리는 맛의 달인이 아니지 않은가? 맛에 대해 쏟는 노력을 메뉴 콘셉트, 모양, 식재료 조합 등에도 분배해서 레버리지하자. 그릇을 바꾸는 것으로, 메뉴명을 바꾸는 것으로도 얼마든지 레버리지할 수 있다. 좀 더 가벼운 노력으로도 상품력을 올릴 수 있는 방법은 많다.

꾸준히 잘해야
상품력이 유지된다

상품력 유지를 위한 기본, 위생 청결

상품력을 높이기 위한 공식이 완성되면 공식을 제대로 구현하고 유지하는 것이 더 중요하다. 지속적으로 경영해야 하기 때문이다. 위생과 청결 관리는 상품력을 유지하기 위한 기본이다. 고객의 건강과도 직결되는 문제이기 때문에 더 챙겨야 한다. 한국농수산식품유통공사가 발표한 '2021 국내외 외식트렌드'에 따르면 '맛집의 기준과 재방문의 기준'으로 위생 청결이 맛과 품질에 이어 높은 요인으로 나타났다. 코로나 이후 안전 외식에 대한 욕구가 높아진 것임을 알 수 있다.

정리정돈 및 청소되지 않은 주방 환경 아래 선입선출되지 않은 식재료들로부터 상품력은 나올 수 없다. 위생 청결 관리는 매일 하지 않으면 더 많은 시간과 비용이 들 수도 있다. 유통기한 위반이 발각되면 영업정지가 될 수도 있다. 특히 직원들 식사용으로 사용하는 공산품에서 유통기한 위반 확률이 높다. 고객에게 제공되는 식자재가 아니라고 항변해도 소용없다.

식품의약품안전처와 지방자치단체는 합동으로 위생점검을 하고 있다. 위생점검 결과를 보면 식품위생법 위반 내용의 다수를 차지하는 것이 건강진단 미실시였다. 보건증이 없거나 갱신 기간이 지났다는 것이다. 이는 과태료 대상이다. 물론 근무하는 직원 수와 보건증 없는 직원 수에 따라 과태료는 달라진다. 적발된 업체들은 직원 수가 많은 곳들도 아니다. 소규모 매장들이다. 이는 가장 기본적인 위생 청결 사항 중 하나인 보건증에조차 관심을 두지 않은 업체가 과연 상품력을 유지하기 위한 사안에 관심을 두었을까 하는 강력한 의문을 갖게 한다.

다시 한 번 강조하지만 위생 청결 관리는 매일 루틴으로 만들어서 진행해야 한다. 가장 좋은 방법은 일일 위생점검 체크리스트를 만들어서 관리하는 것이다. 이 체크리스트에는 개인위생, 냉장냉동고 관리, 청소 상태 항목, 행주 관리, 유통기한 경과 제품 보관 유무 등과 같은 항목들을 중심으로 매장 상황에 맞게 정리하면 된다.

백화점 같은 특수 상권에서는 백화점에서 입점한 식당들에게 의무적으로 '음식점 위생등급제'를 신청하도록 유도하고 있다. 또한 정기적 혹은 비정기적으로 위생점검을 실시해서 결과에 따라 페널티를 부여하는 것을 계약에 명시하고 있다.

백화점에서 영업을 하고 있는 나로서는 내가 할 일을 백화점에서 대신 해줘서 고마운 일인데 직원들은 불편해하는 기색이 보인다. 그러나 상품력에 관해서는 타협을 할 수 없는 것처럼 위생 청결도 마찬가지임을 강조한다. 상품력이 떨어지기 시작하면 고객 감소는 눈에 띄지 않게 천천히 발생하지만, 위생 사고는 하루아침에 매장 문을 닫게 할 수도 있기 때문이다.

식자재 품질 유지가 곧 상품력 유지

상품력 유지를 위해서는 식자재 품질관리도 중요하다. 식자재 품질을 유지하기 위해서는 식자재에 대한 이해와 검수할 때 발주한 내용과 일치하는지 확인하는 습관이 필요하다. 업체에서 알아서 잘 갖다줬겠지 하는 생각을 가져서는 안 된다. 체크하고 또 체크해야 한다. 간혹 사용하던 식자재가 없어서 다른 브랜드의 식자재가 들어올 때가 있다. 사전에 소통도 없이 이렇게 들어오면 문제가 된다. 레시피와는 다른 브랜드의 식자재를 사용함으로써 맛에 영향을 미칠 수도 있기 때문이다. 유통기한, 원산지, 냉동·냉장식품 온도 유지 상태 등도 필수적으로 확인해야 한다.

무엇보다 식중독과 같은 고객의 건강을 위협하는 요소를 사전에 방어할 수 있는 첫 단계이므로, 검수는 중요한 일과 중 하나로 인식해야 한다. 20여 년 전에 호텔에서 잠깐 일을 한 적이 있다. 주요 업무는 호텔에 있는 모든 식당의 식자재 주문서를 취합하고 전산에 입력해 구매팀에서 일괄 발주할 수 있도록 지원하는 일이었다. 지금은 ERP를 통해 빠르고 편리하게 업무를 처리할 수 있으나 그때는 시간과 수고가 필요한 일이었다.

객실이 1,000개가 넘는 호텔이라 식당 수도 많았고 카테고리도 다양했다. 직원 식당도 호텔에서 직영을 해서 업무에 포함됐다. 당연히 취급하는 식자재 종류와 수는 상상을 초월했다. 흔히 접하지 못한 이름과 비싼 가격의 식자재들에 당황했다. 식자재의 신세계를 본 것이다.

이렇게 발주한 식자재들은 다음 날 검수장에서 기준이 충족되어야 입고가 허용됐다. 모양, 냄새, 맛 등 오감을 총동원했고 오감이 미치지 못하는 범위는 당도계, 염도계, 저울과 같은 도구도 활용해서 철저하게 검수가 이루어졌다. 짧았지만 강렬한 배움이었다. 나 혼자 운영하는 작은 매장이라고 하더라도 품질을 지키기 위한 검수 기준을 가지고 식자재 협력 업체와 소통하도록 하자.

보관만 잘해도 원가가 줄어든다

'소금도 곰팡 난다'라는 말이 있다. 절대 상하지 않는다고 생각하는 소금도 상할 수 있다는 뜻으로 무슨 일이든 절대 탈이 생기지 않는다고 장담할 수 없다는 말이다. 위생 청결의 경각심을 아주 잘 표현하는 말이다. 특히 보관이 이에 해당한다. 보관 방법에 따라 식자재 품질과 원가에 영향을 미치게 된다.

보관에서 가장 기본이 되는 것은 입고 순서대로 사용하는 선입선출이며, 냉장·냉동고 온도 관리, 유통기한, 보관기간, 교차오염 방지를 위한 분리 보관 등을 통해 식자재 품질을 유지해야 한다. 이렇게 하지 않으면 폐기하는 식자재는 늘어나고 원가도 올라간다. 고객에게 이익을 줄 수 있는 여력이 사라지는 것이다.

식품안전나라 사이트에 들어가면 위생 청결 관련 정보들이 있다. 해당하는 부분을 숙지하고 적용하면 된다. 그러나 가장 좋은 보관 방법은 식자재 재고를 최소화하는 것인데, 매출 예측에 따른 사용량을 감안해서 적절하게 구매하면 된다.

고객의 이익에 플러스가 되도록

상품력 유지를 위해서는 무엇보다 품질과 타협하지 않는 마음을 유지해야 한다. 건강하고 안전한 맛을 위해 소스를 직접 조리하다가 여러 가지 이유로 공장 소스를 사용하고 싶은 유혹이 생길 수도 있다. 물론 공장 소스도 완성도가 높은 제품들이 많이 있지만 상품력에 균열이 갈 수 있는 결정이 될 수 있다. 메인 식자재 가격이 올라서 대체 식자재로 바꾸거나 양을 줄이고 싶은 유혹도 생길 수 있다. 이럴 경우는 마진을 줄이면 된다. 그럴 여유가 없다면 가격을 인상하고 인상한 만큼 발생한 마진을 고객에게 다시 돌려줘서 상품력을 더 올리면 된다.

폐기해야 할 식자재가 아깝다고 그냥 쓰지 말자. 가열하면 괜찮다는 안일하고 무책임한 생각이 큰 사고의 씨앗이 될 수 있으니 타협하지 말자. 해동된 냉동제품도 재냉동하지 말자. 무엇보다 그동안 쌓아놓은 상품력과 단골 고객들의 마음을 한순간에 무너뜨릴 수 있는 것이 위생 사고다. 음식물 재사용, 이물질, 식중독 등으로 한 방에 가는 맛집들의 이야기는 사라지지 않는 기삿거리다.

상품력 유지를 위해서는 고객의 이익에 마이너스가 되는 결정은 피해야 한다. 고객의 이익을 확대하는 이타적 마음을 유지하는 것이 상품력을 유지할 수 있는 비법이다. 누구나 알고 있지만 하지 않는 것, 당연히 해야 하는 것을 꾸준히 잘하는 습관이 경쟁력이다.

3장

매출력을 키우는

하루 30분 Learning

위로해주고
위로받자

외식업 특성을 알자

고객 수와 객단가를 높여 매출을 올리려는 계획 이전에 외식업의 본질에 대한 진지한 고민이 필요한 때다. 외식업은 주방에서 음식을 조리해 만들기 때문에 제조업에 속하고 매장에서 고객에게 직접 판매하기 때문에 유통판매업이다. 유형 상품인 메뉴와 함께 무형 상품인 서비스로 고객만족을 제공하고 대가를 받기 때문에 서비스업에도 속한다.

외식업은 제조업, 유통판매업, 서비스업의 특성을 모두 가지고 있다. 이 3가지 특성을 알고 자신만의 독창성을 살리는 일이 중요하다. 공급보다 수요가 많았던 때는 제조업만 잘해도 됐지만 공급이 수요를 초과하게 되면서 서비스업의 비중이 높아지게 됐다.

이에 고객 감동을 목표로 서비스 품질, 서비스 마케팅, 서비스 회복 등 서비스 관련 관리 기법들이 소개되고 적용돼왔다. 외식업의 양적 성장과 함께 밥집은 식당으로, 레스토랑으로 격상됐다. 그러나 5인 미만 직원 근무 매장들이 외식 시장의 절대 다수를 차지하고 있는 가운데 여전히 제조업과 판매업에 치우친 경영을 하고 있다. 시스템을 갖춘 기업들의 매뉴얼들이 여러 가지 방식으로 전파됐으나 바로 적용하기에는 용이하지 않다. 이에 창업자 개인의 선천적 성향이나 태도에 의해 그 매장의 서비스는 결정되고 있는 실정이다.

외식업은 터치산업이다

동네에서 밥장사를 하는데 뭐 이렇게까지 해야 하나 하는 자조로 변화를 거부하면 생존을 담보할 수 없게 된다. 디지털 시대로 전환되고 외식업과 식품업과의 경계가 무너져 제조업과 판매업 마인드만 가지고 경쟁하기에는 판이 확연하게 바뀌었다. 아마추어가 만든 것과 다름 없는 메뉴를 제공하거나 인사 없는 접객으로는 고객들의 지갑을 열 수 없다.

우리가 격을 낮춘 식당으로 받아들이는 '밥집'을 거꾸로 하면 '집밥'이다. 집밥의 따뜻하고 포근함을 밖에서 대신 해주는 집이라는 것이다. 우리가 낮춰서 부를 이유가 없다. 식당(食堂)은 '먹을 식(食)'과 '집 당(堂)'으로 식사와 공간을 파는 곳이라 할 수 있다. 밥집, 식당과 달리 레스토랑의 어원에는 음식과 장소와 관련된 의미가 담겨 있지 않다. '회복하다(Restore)'라는 뜻이 어원이며, 프랑스에서 사람들의 원기를 회복시켜주는 음식을 파는 곳이라는 말에서 나왔다고 한다. 종합해보면 따뜻하고 포근한 음식으로 원기를 회복시켜주는 공간이다.

원기 회복은 마음과 몸의 활동력을 원래의 상태로 돌이키거나 되찾는 것이다. 즉 고객의 생리적 허기와 마음을 어루만져주는 힐링과 위로를 받을 수 있는 곳이다. 이 지점이 코로나19 이후 필요한 외식업의 철학이고 온라인의 도전을 뿌리칠 수 있는 차별성이라고 생각한다. 외식업은 고객의 몸과 마음을 터치해 힐링과 위로를 줄 수 있는 터치산업인 것이다.

난 감기 기운이 있거나 몸이 좀 허하다 싶을 때는 국밥집을 찾곤 한다. 뜨거운 국물 위에 파를 잔뜩 얹어서 한 그릇 뚝딱 먹고 나면 위로받는 느낌이 든다. 사무실이 삼청동에 있을 때는 곰탕집이 위로가 됐고, 사무실을 홍대로 옮긴 지금은 순댓국밥 집에서 위로를 받는다.

음식뿐만 아니라 단순히 오가는 인사나 작은 친절이 내 마음을 터치해 무장을 해제시키는 식당들도 있다. 아니면 함께 모여서 신나게 먹고 마시고 떠들 수 있는 공간을 제공해주면 된다. 매장 분위기 자체가 힐링이고 위로가 된다. 고객만족과 감동보다 위로는 한 차원 위에 있고, 여기에는 이타심이 있어야 한다. 그래서 창직을 하기 위해서는 이타적인 이유가 있어야 한다는 것이다. 고객에게 위로를 전해줄 수 있고 위로받은 고객의 행복한 모습에 본인도 위로를 받을 수 있다. 그래야 건강하게 오래 할 수 있다.

관계를 재정의하고 터치하자

인간은 사회적 동물이다. 유무형적인 터치를 통해서 소통해 관계를 형성한다. 그러나 코로나19는 가장 기본적인 관계를 위한 터치인 악수마저 못 하게 만들고 있다. 터치 없는 사회적 관계는 우울감과 스트레스를 유발할 수 있다. 터치산업으로서 외식업이 위력을 발휘할 때인 것이다. 원가를 내리고 객단가를 올리기 위한 고민을 하기 전에, 고객에게 위로가 될 수 있는 메뉴와 서비스를 제공하기 위해 고민하자. 그렇다고 해서 새로운 것을 만들어낼 필요는 없다. 고객을 대하는 진정성 있는 태도와 자세에서 느껴질 수 있는 것이 터치이고 손길이기 때문이다.

터치를 좀 더 쉽게 활용하기 위해서는 고객과의 관계를 재정의할 필요가 있다. 전통적인 외식업의 고객 관계는 왕이었다. 제조업, 판매업에서 서비스업으로 중심이 넘어가면서 나온 서비스 구호다. 그러나 이는 감정노동에 구속받는 영향을 주었다. 역할극을 즐기는 마냥 직원을 하대한다. 코로나19로 영업시간이 제한되어 나가달라는 사장과 직원들을 폭행하는 일이 아직도 일어나고 있다. 맹목적인 서비스 중심주의에서 벗어나야 한다.

아이템, 입지, 주요 고객층, 창업자 개성 등에 따라 고객 재정의는 달라야 한다. 고객을 친구, 후배, 선배, 자식, 부모 등으로 재정의하면 그들의 몸과 마음을 터치할 수 있는 것들을 구체화할 수 있다. 그들이 무엇을 좋아하고 싫어하는지 알 수 있기 때문이다. 자식 같은 고객에게 음식물을 재활용하지는 않을 것이다. 최소한 고객을 숫자로 보지는 않게 된다.

이러한 관계 재정의는 고객뿐만 아니라 직원, 협력 업체, 이웃 매장에도 필요하다. 수직적이거나 수평적인 관계에서 벗어나 의미를 부여해주는 것이다. 주방 직원을 채용한 것이 아니라 고객의 몸을 힐링해주는 푸드 테라피스트, 홀 직원은 고객의 마음을 어루만져주는 서비스 마케터를 채용했다고 재정의하는 것이다. 단순하게 업무지시하는 것보다 왜 해야 하는지 의미를 알려주고 협업하듯이 일을 하면 서로가 위로를 받을 수 있지 않겠는가.

협력 업체와의 관계도 갑을 관계가 아니라 나를 도와주는 동업 관계로 재정의해보자. 명절 때 선물을 받지 않고 먼저 주고 싶은 마음이 생길 수 있을 것이다. 이웃 매장도 고객을 나눠먹기 하는 경쟁자가 아니라 상권을 같이 살리는 동지로 보자. 주위 매장 모두 문 닫고 나 혼자 남으면 더 잘될 것 같지만, 그렇지 않다. 상권이 죽으면 고객들의 발길도 끊어진다. 각자의 역할을 하며 공동프로모션을 하는 등 상생을 추구할 때 상권에 힘이 생긴다. 이와 같은 관계 속에서 선순환적으로 발생되는 위로는 창직의 삶을 풍요롭게 해줄 것이다.

매출은 곱하기를
잘하면 된다

오픈발에 샴페인을 미리 터뜨리지 말자

매장을 새로 오픈하게 되면 매출도 올리고, 축하도 받고 싶은 마음에 여기저기 전화를 돌려 지인 영업을 하게 된다. 오픈 이벤트도 매우 신경을 써서 준비한다. 어떻게 차린 매장인데, 하나부터 열까지 세심하게 체크하고 신경을 쓰게 된다. 이렇게 하는 이유는 어디까지나 매출 때문이다. 매출이 이익을 보장하지는 않으나 우선은 매출이 있어야 이익이든 손해든 발생할 수 있기 때문이다. 그래서 장사를 하게 되면, 매출에 일희일비하게 된다.

그러나 매장 오픈이라는 것은 완벽하게 준비한다고 마음먹어도 실전에 부닥치면 매우 다르다. 생각지도 못했던 변수가 생기는가 하면, 순식간에 벌어지는 돌발 상황에 대응하지 못하는 경우도 부지기수다. 필요한 식자재가 안 들어올 수도 있고 점심 영업이 끝나자마자 사라져버리는 직원이 있을 수도 있다. 거기에 품질에 영향을 미치는 변수들이 발생하면 그야말로 난장이 되어버린다. 메뉴 나오는 대기시간은 길어지고 음식은 간도 안 맞게 제공된다. 고객 불만을 응대하느라 다른 것을 챙길 겨를도 없게 된다.

설령 준비를 잘한 덕에 기대보다 매출이 올랐다고 해도 그것을 자신의 실력으로 생각해서는 안 된다. 기쁜 마음에 비용을 남발하는 것도 주의해야 한다. '오픈발' 매출일 수 있음을 알아야 한다.

오픈발은 없어도 첫 손님이 방문했을 때의 설레임과 기쁨을 깊이 간직하고 자신이 준비한 모든 것을 천천히 보여주면 된다. 오픈한 지 한 달도 안 됐는데 비용 줄일 생각과 나가는 돈에 대한 고민으로 얼굴에 티를 내고 고객을 맞이하면 자리 잡을 기회를 놓친다. 가오픈 기간이라 생각하고 직원들과 손발을 맞추고 동선도 조정하면서 완성도를 높이는 것이 좋다. 손익분기점 매출을 네비게이션 삼아 가면 된다.

매출을 높이는 기본 방법

손익분기점을 통해 목표이익을 달성하기 위한 매출을 어떻게 달성할 수 있을까? 이제 이 매출을 어떻게 올릴 것인지 생각해보자. 먼저 매출 공식을 이해해야 한다. 매출은 간단히 고객 수에 객단가를 곱한 금액으로 산출된다. 오늘 방문 고객이 100명이고 객단가가 1만 원이면 매출은 100만 원이 된다.

고객 수는 '신규 고객 × 방문 빈도 × 동반자 수'로 결정되며, 객단가는 '메뉴 평균단가 × 주문 개수'로 계산하면 된다. 매출을 고객

수로 나누어도 객단가가 된다. 매출이 150만 원이고 방문 고객 수가 100명이면 객단가는 1만 5,000원이 된다. 객단가는 매출 분석 및 전략을 수립하기 위해 중요한 지표다. 포스 없이 카드단말기로만 영업하는 곳들도 있는데 포스를 통해 매출 자료를 확보하는 것이 좋다. 메뉴 평균단가 자체가 높으면 객단가는 올라가지만 고객의 접근성을 떨어뜨릴 수 있다. 이에 메인 메뉴 단가를 합리적으로 설정하고 세트 메뉴, 주류, 음료, 사이드, 토핑 등의 추가 주문을 통해 객단가를 확보하는 역할을 하게 할 수 있다.

일반적으로 객단가가 낮거나 작은 매장은 회전율을 높여 매출을 증대한다. 그러나 고객 수요가 확보되지 않는 상권과 입지에서는 회전율을 올리는 데 한계가 있다. 회전율은 고객 수에 좌석수를 나누어서 구하며, 전체 좌석이 몇 번 회전했는지를 나타내는 지표다. 고객 수가 100명이고 좌석수가 20석이면 회전율은 5회전이 된다.

고객 수는 처음 매장 방문한 고객이 얼마나 재방문을 많이 하느냐에 달려 있다. 흔히 이야기하는 '단골로 만들 수 있느냐'는 것이다. 그리고 만족한 고객이 다른 일행들을 데리고 오는 것도 고객 수 증대에 영향을 미친다. 즉 재방문 의향과 추천 의향이 중요한 지표다. 매출이나 객단가보다는 고객 수의 증감에 신경을 써야 한다. 코로나19와 같은 통제할 수 없는 변수 외에는 고객 수가 급속하게 떨어지지 않는다. 특히 재방문 고객이 줄어들었을 때는 위기상황임을 인식하고 그들이 불편해하는 점을 찾아 개선해야 한다.

매출 감소의 원인을 정확히 파악하자

매출을 제대로 관리하기 위해서는 매출 공식을 바탕으로 해야 한다. 매출 공식이란, 고객 수와 객단가를 올리면 매출도 올라간다는 것이다. 반대로 매출의 감소는 고객 수와 객단가가 감소한 것이다. 만약 매출이 떨어졌다면 고객 수와 객단가가 떨어진 원인을 찾아야 한다. 시간대별, 요일별 매출, 고객 수, 객단가, 회전율의 차이를 체크해야 한다. 그리고 성수기와 비수기의 차이도 체크해야 한다. 연중 매출이 고르면 예측이 용이해 관리가 수월하겠으나, 사계절, 명절, 방학 등의 이벤트들이 있어 월별 매출의 차이가 있다. 상권과 입지의 영향도 있다.

밖으로 시선을 돌릴 필요도 있다. 주변에 경쟁 매장들이 신규 오픈하거나 판촉을 할 수도 있다. 상품력과 서비스에 문제가 있을 수도 있다. 오픈해보니 그 전에 조사한 입지와 아이템이 맞지 않을 수도 있다. 저녁 중심 영업으로 될 것으로 생각해 객단가가 높을 것으로 생각했으나 식사 메뉴만 팔리는 점심 장사 위주로 운영되어 객단가가 떨어질 수도 있다.

그렇다면 점심 영업을 강화해서 매출을 올리는 계획을 세워볼 수 있다. 점심의 회전율을 최대한 올리는 방법을 찾는 것이다. 점심에 방문하는 고객들은 매장 생각해서 일부러 1시 넘어서 한가할 때를 맞춰서 방문하지 않는다. 한 시간 안에 밥도 먹도 담배도 피워야 되고 커피도 마셔야 해서 한 번에 몰린다. 이에 대응하기 위해 점심에만 파트타임을 추가 투입할 수도 있고, 메뉴 조리시간을 줄이기 위해 주방 동선과 조리 순서나 방법을 개선할 수 있다.

객단가보다는 고객 수

매출 증대를 위한 계획을 세울 때는 고객 수와 객단가를 올리면 된다. 그러나 고객 수와 객단가를 모두 올리는 전략은 위험하다. 고객층, 입지와 상품력을 고려해야 한다. 일반적으로 객단가를 올리는 방법은 업셀링(Up-Selling: 고객이 구매를 원하는 상품보다 가치가 높은 상품을 사도록 유도하는 판매 기술)과 크로스셀링(Cross-Selling: 판매자가 고객이 구매하려고 하는 상품과 연관된 상품이나 서비스를 추가로 판매하는 기법)을 많이 쓴다. 가령 순댓국밥 '보통'이 8,000원이고, '특'이 1만 원이면 '특'을 주문할 수 있도록 유도하는 것이다. 이것이 업셀링이다. 이때 중요한 것은 '특'과 '보통'에 누구나 알 수 있는 다름이 있어야 한다. '특'이 '특'다워야 하는 것이다. 순댓국밥에 잘 어울리는, 오늘 갓 들어와서 '캬' 소리 나는 소주가 있는데 같이 하겠냐고 제안하는 것이 크로스셀링이다. 그러나 업셀링과 크로스셀링을 자유자재로 구사할 정도의 접객력을 가지기 위해서는 경험이 필요하다. 업셀링과 크로스셀링을 잘못 구사하면 고객 컴플레인이 날 수도 있다.

객단가를 올리기 위해 가격을 올릴 수도 있다. 그러나 상품력은 그대로 두고 가격만 올리는 것은 위험하다. 고객이 이러고 팔아도 남느냐고 걱정을 해주는 정도가 아니라면 가격을 낮게 책정한 게 아닐 것이다. 다만 애초에 고객의 관심을 유도하기 위해 가격을 낮게 책정하는 것은 좋지 않다. 남는 게 없다고 중간에 가격을 올리면 가격 메리트 때문에 방문하던 고객들은 이탈하게 된다. 아차 싶어서 다시 가격을 내려보지만 이탈한 고객이 다시 돌아올 가능성은 없다.

가격 결정이
곧 매출력이다

1,000원 아이스크림을 2배 이상 비싸게 파는 법

가격은 이익을 결정하는 중요한 변수이고 고객이 매장 방문을 결정하는 중요한 요인이기도 하다. 그러나 가격 결정은 아이템 선정, 입지 선정, 인테리어, 메뉴 개발, SNS 등에 투입하는 노력과는 비교가 되지 않을 정도로 간단하게 이루어진다. 지금까지 해왔던 방식을 의심 없이 따르는 것이다. 어렵기도 하지만 반대로 쉽게 바꿀 수 있기 때문이기도 하다. 메뉴판 숫자만 바꾸면 되기 때문이다.

흔히 원가를 기준으로 일정 마진을 확보하는 방법, 경쟁업체들의 가격과 비슷하게 하는 방법, 직감에 의존하는 방법 등으로 가격을 결정한다. 가장 많이 사용하는 방법이 원가를 기준으로 가격을 결정하는 것이다. 가격은 원가에 적정 수준의 마진을 붙여 결정하면 되는 것 정도로 생각하기 때문이다. 그러나 고객들이 지불하려는 가격은 그들이 생각하는 메뉴의 편익에 의해 정해지는 것이지,

원가와는 별로 상관이 없다. 가격을 결정할 때 원가보다 고객의 편익을 고려해서 결정하는 가격 결정 방식은 매출과 이익을 보장해준다. 가령 1,000원에 파는 아이스크림을 북한산 꼭대기에서 판다면 2배 이상 가격에도 판매가 될 것이다. 산 위에서 아이스크림 가격 결정은 원가가 아니라 고객의 편익에 우선한다. 목마름을 해결해줄 수 있는 아이스크림의 가치가 올라가기 때문이다.

문제는 '산 밑에서' 고객의 편익과 지불 의향 가격을 찾아서 최적의 가격을 결정하는 것이 쉬운 일이 아니라는 것이다. 메뉴가 고객에게 어느 정도의 편익을 가져다줄 것인지, 고객이 그 편익을 어느 정도 인식할 것인지를 먼저 알기 어렵기 때문이다. 산 위에서 파는 아이스크림처럼 편익이 명확하게 드러나지 않기 때문에 더욱 어렵다. 이와 같이 중요하지만 어렵고, 또 다른 측면에서는 단순하고 즉흥적인 결정을 하기 쉬운 것이 가격이다.

가격 결정 시에 부가가치세도 고려하자

가격을 결정할 때 원가, 목표이익, 경쟁사 가격, 고객 심리, 상품력 등을 고려해야 하는 것은 알고 있는데 부가가치세를 놓치는 경우가 많다. 그런데 부가가치세도 고려해야 한다. 돈가스를 8,000원에 판매하기로 결정했다면 부가가치세 727원을 제외한 7,273원이 실제 판매가격이 되고 자신의 매출이 된다. 부가가치세 727원은 납부해야 할 세금이기 때문이다. 이것을 감안하지 않고 가격을 결정하면 부가세 727원은 잃어버리는 이익이 되는 것이다. 부가가치세를 감안하면 8,800원에 판매해야 하는 것이다. 물론 돈가스를 만들기 위한 식재료에도 부가가치세를 지급한다. 이를 매입세액이라 하고 납부해야 할 부가가치세에서 공제를 한다. 신용카드 매출세액공제, 의제매입세액 공제까지 받으면 부가세를 전부 지급하지는 않는다. 그러나 간이과세사업자가 아닌 이상 부가가치세는 납부하게 되어 있으므로 가격 결정 시에 고려해야 한다.

국내에 패밀리레스토랑이 들어와서 호황을 이루던 시기에 부가가치세 관련한 이슈가 있었다. 판매가격에 부가가치세를 포함하지 않고 별도로 표시한 것이다. 별도로 표시한 이유는 상대적으로 고가였던 패밀리레트스토랑의 가격에 대한 저항을 줄이고 이익을 확보하기 위함이었다. '스테이크 3만 원(부가세 10% 별도)'과 같이 표시했다. 일부 고객들이 '3만 원'이라고 생각했다가 '3만 3,000원' 영수증을 받고 불만을 표출했다. 홈페이지 고객의 소리는 물론 본사 마케팅팀으로 직접 항의하는 고객들이 많았다. 이후 법이 개정되어 부가가치세를 포함한 가격을 표기한다. 법적으로 부가가치세는 최종소비자에게 부과돼야 하므로 처음부터 세금을 포함한 가격으로 책정해야 한다.

▌내가 고객이라면 이 돈을 지불할까?

가격 결정은 오픈 시에 일회적으로 끝나는 것이 아니라 신메뉴 출시, 기존 메뉴 리뉴얼, 경쟁 상황 변화와 비용 구조 변화 시에 가격 인상 혹은 인하 결정을 해야 하는 등 지속적으로 관리해야 한다.

일반적으로 가격 결정은 단순히 원가에 마진을 붙여 가격을 산정하는 방법, 경쟁 매장보다 비슷하게 하거나 조금 낮게 가격을 책정하는 방법과 고객의 준거가격(가격이 싼지 비싼지를 판단하는 데 기준으로 삼는 가격), 유보가격(메뉴에 대해 지불할 용의가 있는 최고 가격) 등을 확인하고 결정한다.

나는 할 수 있는 모든 방법을 고려한다. 그중에서 가격결정지수와 가격민감도를 측정하는 방법으로 기준을 잡는다. 가격결정지수를 가지고 결정하는 방법은 원가를 바탕으로 한다. 우선 목표로 하는 식자재 원가율을 정하고 가격결정지수를 계산하면 된다. 가격결정지수는 1/목표원가율로 구할 수 있다. 그다음 해당 메뉴의 총원가를 계산한 후에 가격결정지수를 곱하면 판매가격이 된다. 가령 우리 매장의 목표원가율은 30%이고, 신메뉴의 총원가는 4천 원이라고 가정했을 경우 판매가격은 13,200원이 된다.

- 가격결정지수: 1/30%(목표원가율) = 3.3
- 판매가격: 4,000원(총원가) × 3.3(가격결정지수) = 13,200원

이 방법은 고객은 배제하고 레스토랑 관점에서만 결정하는 단점이 있다. 그래서 이 방법은 가격 범위를 설정하기 위한 가이드로 활용하면 된다. 하나의 방법만 사용하지 않고 여러 방법을 통해 나온 가격을 가지고 적정가격을 찾는 것이 좋다.

두 번째 방법은 가격민감도 측정 방법(PSM, Price Sensitivity Measurement)이다. 고객들의 의견을 수렴할 수 있는 여유가 되면 고

객들에게 아래 4가지 질문을 통해 가격민감도를 측정할 수 있다. 고객은 어떤 메뉴에 대해 기꺼이 지불하고자 하는 '적정가격대'를 갖고 있는데 이를 찾을 수 있는 방법이다. 이 방법은 고객들 대상으로 설문조사를 해야 하고 설문 결과를 엑셀에 입력하고 그래프를 그려야 한다. 그래서 실행하기에 번거롭고 어려울 수 있다. 그래서 가격민감도 측정법을 그대로 따르지 않고 자신에게 맞게 맞춤형으로 활용하면 된다. 가격 결정 시에 직원들과 4가지 질문으로 고객의 입장이라는 가정하에 서로 질의하며 적정가격을 찾으면 된다. 원가가 아닌 고객의 관점에서 가격을 바라볼 수 있다.

1. 너무 싸서 음식의 품질을 믿을 수 없는 가격은 얼마입니까?
2. 싸다는 느낌이 들기 시작하는 가격은 얼마부터입니까?
3. 비싸다는 느낌이 들기 시작하는 가격은 얼마부터입니까?
4. 너무 비싸서 아무리 맛있어도 사 먹지 않을 가격은 얼마부터입니까?

고객들에게 위의 4가지 질문을 해보고 답변 결과를 바탕으로 다음과 같은 그래프를 그릴 수 있다. 질문1은 '너무 싼' 가격대의 그래프, 질문2는 '싼' 가격대의 그래프, 질문3은 '비싼' 가격대의 그래프, 질문4는 '너무 비싼' 가격대의 그래프로 나타난다.

너무 싼 가격대와 비싼 가격대의 그래프가 만나는 지점이 한계저가(10,600원)다. 그 밑으로는 가격이 낮추면 안 되는 것을 의미한다. 싼 가격대와 너무 비싼 가격대의 그래프가 만나는 지점이 한계

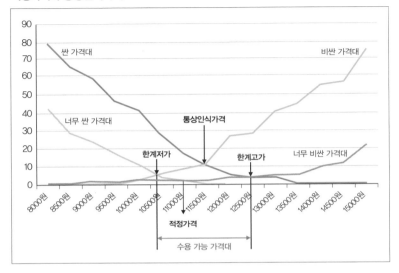

적정가격과 통상인식가격

고가(12,700원)다. 이 지점 이상 가격을 받을 수 없음을 의미한다. 싼 가격대와 비싼 가격대가 만나는 지점이 통상인식가격(11,600원)이다. 통상인식가격은 가격 때문에 구매를 고민하지 않는 가격인데, 시장에 형성되어 있는 가격을 의미한다. 너무 싼 가격대와 너무 비싼 가격대가 만나는 지점이 적정가격(11,250원)인데, 고객들이 해당 메뉴에 대해 가장 적당하다고 말하는 가격을 의미한다.

원가, 마진 등을 고려해서 결정할 수 있는 가격 범위는 수용가능 가격대에 포함되는 10,600원에서 12,700원이다. 그러나 시장에 형성되어 있는 가격인 통상인식가격이 적정가격보다 낮게 나왔기 때문에 통상인식가격보다 높은 가격을 결정하는 것은 쉽지 않다. 즉 시장가격인 11,600원보다 비싼 가격에 판매하면 가격저항이 있을 수 있다는 의미이다. 적정가격이 통상인식가격보다 낮은 것은 메뉴의 편익이 고객을 충족시키지 못함을 의미하므로 상품력 개선이 필요하다.

이 방법은 고객 의견을 물어서 분석해야 하는 과정이 필요하고 고객이 응답 시에 가격을 낮게 응답하는 경향이 있음을 알아야 한다. 그래서 이 방법에만 의존하지 않고 원가, 경쟁사 가격 동향 등을 통합적으로 감안해 결정한다. 최종 단계에서는 본인이 고객이라면 이 돈을 지불할 것인가를 냉정하게 생각해보고 결정한다.

싼 가격이 높은
가성비가 아니다

가성비의 그늘

20년 이상 외식업 현장에 있으면서 매번 듣는 이야기가 경기가 안 좋다는 이야기다. 경기가 좋다는 이야기는 들어본 적이 없다. 물론 IMF와 미국 금융투자사 리먼브라더스의 파산으로 촉발된 글로벌 금융위기와 같은 상황이 있었다. 그러나 회복 이후에도 외식 경기가 좋다는 이야기는 들어본 적이 없다. 이에 브랜드 개발이나 메뉴 개발 시에 빠지지 않는 필요조건이 '가격경쟁력', '밸류 포 머니(Value For Money: 가격 대비 성능비)'였다. 지금 흔히 쓰고 있는 가성비의 원조다. 2000년대 초반만 해도 가성비란 말은 잘 쓰지 않았다. 개인적인 기억을 더듬어 보면 글로벌 금융위기 이후 2010년이 지나고 중반에 트렌드 키워드로 알려진 이후 널리 사용되기 시작한 것 같다.

당시의 밸류 포 머니와 지금의 가성비는 의미는 비슷하나 사용 용도에는 차이가 있다. 당시에는 가격이 저렴한 것만을 의미하지 않았고, 가격은 어느 정도 있더라도 그 이상의 편익을 고객에게 제공하는 의미였다. 주로 가격이 비싸고 구매하는 데 시간이 오래 걸리는 제품의 구매 이유 중의 하나가 밸류 포 머니였다. 그러나 지금의 가성비는 저렴한 가격에 포커스에 맞춰진 채 가성비를 강요받는 시대가 됐다.

밸류 포 머니는 지불하는 가격이 고가이든 저가이든 그 금액을 넘어서는 편익과 만족을 주면 밸류 포 머니가 있는 것이다. 가성비도 다를 바 없다. 본래의 개념을 찾아가야 한다. 밸류, 가치 공식은 '가치＝편익／가격'이다. 편익이 커야 가치가 올라가는 것이다. 편익의 차원은 고객의 성향과 추구하는 가치에 따라 달라진다. 같은 소비자라고 하더라도 소비 성향은 다르게 나타난다.

혼자 커피를 마실 때는 저가 커피를 찾다가도 데이트를 할 때는 비싸지만 분위기 좋은 곳을 찾는다. 고객은 명분만 있으면 비싸도 구매한다. 명분을 바탕으로 제대로 상품력을 갖추고 그 상품력을 갖추기 위한 노동의 가치를 인정받아야 한다. 1만 원짜리 김밥이어도 그만큼 편익을 제공하고 고객이 만족하면 가성비가 있는 것이다.

반대로 2,000원에 저렴하게 판매하는 김밥이라고 해도 상품력이 없으면 가성비 대신 '싼 게 비지떡'이라는 소리를 듣게 된다. 결국 가성비는 고객의 편익을 갖춘 상품력과 구매교섭력, 경쟁 밀도를 고려한 가격 전략이라고 봐야 한다. 가격파괴 전략을 가성비로 포장해, 상품력이 약한 아이템을 가지고 경쟁이 심한 시장에 뛰어드니 경쟁사보다 조금 낮은 가격으로 차별화해보려는 것이다.

그러나 지속적인 비용 상승에 대응하지 못하면 지속적인 생존을 담보하기 어렵다. 싸게 파는 것이 쉬워 보이지만 아무나 하는 것이 아니다. 작게 시작해서 오래 하기 위해서는 저가를 내세우는 판매 지향적 가격 전략은 적합하지 않다. 분수에 맞는 이익을 달성할 수 있는 마진을 확보하고 이익 지향적 가격을 목표로 하는 것이 좋다.

고객과 상생할 수 있는 가격 차별화

어렵게 결정한 최적의 가격이라고 해도 모든 고객들을 충족시킬 수는 없다. 가격을 높게 결정하면 일부 고객층을 잃어버릴 수 있고 가격을 낮게 설정하면 높은 가격을 지불할 수 있는 고객으로부터 얻을 수 있는 이익을 포기하게 되는 것이다. 가성비에 민감한 고객들도 있지만 심리적 만족감을 중시하는 가심비에 민감한 고객들도 있는 것이다. 이에 같은 메뉴를 판매하더라도 고객이 체감하는 편익의 결을 달리해서 가격을 받을 수 있으면 좋다. 가격 차별화를 통해서 그렇게 할 수 있다.

가격 차별화란 동일한 메뉴에 대해서 고객 편익, 이용 상황 등에 따라 다른 가격을 받는 것이다. 같은 메뉴를 다양한 가격으로 판매하고 다양한 고객을 끌어들여 매출도 늘고 이익도 늘리는 전략이다. 이제 그 방법을 알아보자.

동일한 메뉴로 가격 차별화하기

이 방법은 보다 많은 고객에게 소구하기 위해 한 메뉴에 여러 가지 특징들을 더하거나 빼는 것이다. 곰탕 전문점 '하동관'의 메뉴 카테고리는 곰탕과 수육 2가지인데, 곰탕은 4가지 중에서 선택할 수 있다. 보통 1만 3,000원, 특 1만 5,000원, 20공 2만 원, 25공 2만 5,000원에서 선택할 수 있다. 고기와 내장의 양에 따라 가격을 달리했다. 직원들이 별도의 업셀링을 하지 않아도 고기와 내장을 좋아하는 고객들은 20공, 25공을 주문하게 된다. 주머니가 가벼울 때는 가성비 있는 보통을 주문하지만, 여유 있을 때는 가심비 있는 25공을 주문하는 사치를 누리겠다는 생각을 가지게 한다. 가성비에 만족하는 고객도 있고 가심비에 만족하는 고객도 있는 것이다. 하동관은 객단가와 매출 증대로 이어지니, 고객과 하동관 모두 행복하게 된다.

소, 중, 대 형식으로 판매하기

이 방법은 식사 인원에 따른 음식 양을 추가하는 방법이다. 이 판매 방법도 잘 활용하면 가성비를 높일 수 있다. 고객이 소, 중, 대를 마주하는 태도는 인원수에 따라 달라진다.

4명이 방문해 중자를 주문하려 하면 대부분의 식당에서 중자는 4명이 먹기에 작을 것이라고 해서 대자를 주문하게 한다. '소, 중, 대'로 파는 식당은 대부분 주류를 겸하기 위해 방문하는 곳이라 술을 먹다 보면 남기는 경우가 많다. 이때 고객들은 '대짜가 양이 많네'라고 하기보다는 '중으로 시켜도 될 뻔했네'라고 생각한다. 사람들은 확실한 손해를 더 크게 체감하는 손실회피 경향이 있기 때문이다. 결국 계산할 때 마음 상해서 다음에는 방문하지 않는다.

이에 고전적인 '소, 중, 대'에서 '대'는 빼버리고 '소'와 '중'을 가격을 올려서 제공하는 것이다. 단, '중'의 가격을 올리더라도 '대'의 가격을 넘어서면 안 된다. '중' 같은 '소', '대' 같은 '중'이 되는 것이다. 4명이 와서 '중'을 먹어도 충분한 경험을 하게 된다.

고객에 따라 할인해주기

군인, 소방관, 경찰 등 공익을 위해 일하는 특정 층을 위해 할인해주거나 가격에 민감한 학생들을 대상으로 할인해주는 방법이 전형적이다. 타깃 고객을 확장하고 싶을 때 이 방법을 활용해볼 수 있다. 포장 고객에게 할인을 해주고 배달을 포장으로 유도해서 배달 비용을 절감해 이익을 확보하는 방법도 있다. 고기를 파는 레스토랑에서는 추가 주문을 하는 고객에 추가 편익을 주는 방법을 써볼 수도 있다. 고기 추가 주문을 해도 된장찌개를 서비스하지 않고 제 값을 다 받는 곳은 생각을 달리해야 한다. 의외로 이런 곳들이 많다.

서울 서교동에 있는 중식당 '진진 가연'은 멤버십 제도를 도입했다. 3만 원 회비를 내고 가입을 하면 평생 모든 요리를 20% 할인받을 수 있다. 호텔 식당에서나 적용하던 멤버십 제도는 입소문을 유발했고 소속감을 주게 했다. 자아표현적 편익까지 제공하여 가심비까지 잡았다.

시간에 따른 할인 적용하기

브런치, 해피아워와 같은 특정 시간에 맞춰 할인 적용하는 방법이다. 평일과 주말, 점심과 저녁에 따라 가격을 다르게 해서 다양한 고객을 끌어들여 매출을 늘리는 경우도 있다. 뷔페형 레스토랑에서 많이 쓰는 방법이다. 좌석 수가 많은 곳은 취약한 시간대인 이른 점심이나 이른 저녁 방문 고객에게 혜택을 줘서 좌석을 빠르게 채워서 회전율을 조금 더 올릴 수 있다.

추가 주문으로 객단가 높이기

메인 메뉴는 저렴하게 책정하고 세트 메뉴, 추가 메뉴, 토핑 등을 추가로 주문하게 해서 가격을 차별화하고 객단가를 높이는 방법도 있다. 가령 기본 우동은 5,000원이지만 우동 위에 튀김, 고기, 계란 등 토핑을 자유롭게 주문할 수 있도록 하는 것이다. 단, 토핑을 구색으로 구성하면 안 되고 메인 메뉴 못지않게 상품력을 더해야 한다. 여기에 더해 우동과 유부초밥을 세트 메뉴로 구성하면 가성비 있는 메뉴를 기본으로 객단가를 올려 이익을 확보할 수 있다.

좌석에 따라 가격 차별화하기

이탈리아 출장 중에 좋아하는 커피를 자주 마셨는데, 이탈리아 카페에서는 좌석에 따른 가격 차별화를 하고 있었다. 바에서 서서 먹으면 가격이 1.5유로 미만이었고 테이블에 앉아서 먹으면 4유로 이상 받았다. 스탠딩은 싸게 테이블은 좀 더 비싸게 받았는데 합리적이라고 느껴졌다. 영업을 하다 보면 고객들이 여러 가지 이유로 앉기 싫어하는 테이블과 좌석이 생기는데 이를 해결할 수 있는 방법이다.

맛 없으면 무료!

외식업 절대 고수들이 하는 방법이다. 상품력에 자신이 있지 않고서는 할 수 없는 방법이다. 이런 자신감은 아니더라도 제대로 제공하고 제대로 받는 마인드가 필요하다. 가성비가 중요하다고 해서 적정한 가격을 받지 않고 내려서 받으면 잃어버린 이익을 만회하기 위해 더 많은 생각과 노동을 투입해야 한다. 더 많은 돈을 지불할 수 있는 고객들이 제공해줬을 이익을 메워야 하는 것이다. 가격 차별화 전략을 잘 활용하면 한 가격을 고수해서 발생하는 불안을 해소할 수 있고, 다양한 고객을 집객할 수 있다. 가성비와 가심비도 잡을 수 있다.

외식업 생존조건은
단골, 또 단골

누가 우리의 고객인가

매출 공식에 의하면 매출을 올리기 위해서는 고객 수와 객단가를 올려야 한다. 그럼, 고객 수와 객단가 중에서 무엇에 더 집중해야 할까? 방법적으로는 가격을 건드리는 것이 쉬워 보인다. 메뉴판에 숫자만 바꾸면 된다고 생각하기 때문이다. 그러나 메뉴, 인테리어, 서비스와 마찬가지로 객단가도 매장의 정체성을 보여주는 역할을 한다. 고객의 인식 속에는 우리 매장의 가격 포지셔닝이 정해져 있는데, 그 선을 넘으면 고객은 방문 매장 리스트에서 지워버린다. 메뉴나 인테리어 변경 없이 가격을 인상할 때는 더욱 그렇다.

전술했듯이 객단가를 올리기 위해 업셀링을 무리하게 하면 고객 컴플레인이 발생하는 역효과가 올 수 있다. 지금은 이런 영업이 없기를 바라는데, 크리스마스 연말 시즌 때 가격을 대폭 올린 메뉴판으로 영업해서 이슈가 되곤 했다. 2명이 방문해서 삼겹살을 2인분을 주문하려고 하는데 양이 적으니 최소 주문 수량이 3인분이라고 주문을 강요해서 문제가 되는 사례는 지금도 심심찮게 벌어지고 있는 일이다. 객단가에 욕심을 부리면 부작용이 따른다. 그보다 고객 수를 늘리는 것에 초점을 맞추는 것이 좋다.

먼저 우리 매장을 주로 방문하는 고객층을 잘 파악해야 한다. 오픈 전에 상권과 입지 조사 시에 목표 고객을 설정했더라도 오픈 이후에 차이가 있을 수도 있다. 백화점에서 처음 영업할 당시 단골 고객 타깃을 VIP 고객이나 해당 백화점의 주요 방문 고객층으로 생각했다. 즉 외부에서 유입되는 고객들 대상으로 생각을 한정한 것이다. 그런데 막상 영업하다 보니 백화점 직원들의 단골 비중이 높았다. 그래서 젊은 직원들이 방문하면 양을 좀 더 늘려주기도 하며 그들과의 스킨십을 높이는 데 신경을 썼다. 코로나19 기간 동안 직원 단골들의 재방문이 힘이 됐음은 두말할 나위 없다.

오픈 후 주요 방문 고객층을 파악하고 메뉴, 인테리어, 가격, 서비스 등이 주요 고객층과 적합한지 판단해야 한다. 주요 방문 고객층의 이미지가 우리 매장의 개성을 표현해주기도 한다. 자칫 자신이 갈 매장이 아니라고 문턱을 높여 잠재 고객의 방문 기회를 원천 봉쇄할 수도 있다. 가령 30대 여성 직장인 고객들이 타깃 고객이었는데, 실제 방문 고객층은 10대 여고생들이라면 목표 객단가에도 영향을 미칠 수 있다. 현재 방문 고객층을 유지할지 타겟 고객층을 집객하기 위한 조치를 취할지 결정을 해야 한다. 주요 고객층이 시간별, 주간별, 월별로 차이가 있는지도 점검해야 한다. 주요 고객층 고객 수의 감소는 내부적인 문제를 1차 진원지로 생각해야 한다. 그래서 그들이 불편해하는 점이 무엇인지 파악해서 하루에 1개는 개선하겠다는 목표를 가져야 한다. 하루 1개씩 적립한 개선은 목표 고객 확장은 물론 생존 매뉴얼이 되어줄 것이다.

단골의 객단가는 높다

고객 수가 늘어나는 경우는 목표 고객과 신규 고객의 지속적 방문, 신규 고객이 단골이 되어 재방문, 일행을 많이 데려오는 경우, 단체 고객 방문 빈도가 높은 경우, 불만 고객이 충성고객으로 전환되는 경우 등이다. 단체 고객은 개인 고객에 비해 객단가도 높아 매출에 도움이 되는 고객들이다. 그러나 작은 매장을 지향하는 우리로서는 단체 고객을 받을 공간이 없다. 그들도 모임을 할 장소로 우리 매장을 염두에 두지 않는다. 그러나 시간대별 매출을 분석해서 단체 고객을 받을 수 있는 시간대가 있으면 그 시간에 차별적 혜택을 제공해 그들을 유치하는 노력을 해볼 수도 있다.

처음 방문하는 신규 고객이 있어야 단골 고객도 있는 법이다. 새로 생긴 매장이라고 호기심에 방문하는 신규 고객들이 중요한 이유다. 어떻게 보면 그 상권 내에서 남들보다 먼저 제품이나 서비스를 경험하고 주변 사람들에게 평가해주는 얼리어답터(Early Adopter)일 가능성이 많다. 그래서 오픈발을 위해서 지인을 초대하거나 이벤트하는 것을 추천하지 않는다. 오픈 초반에 매장 평판을 결정할 고객들에게 전력을 다 못해서 재방문은 물론 추천 의향도 못 이끌어낼 수 있기 때문이다. 오픈발 이후 고객 수가 줄어드는 시기가 온다. 이때 오픈 초기 좋은 인상을 가지고 간 고객들의 재방문이 큰 힘이 된다.

외식업 성공 요인은 첫째도 입지, 둘째도 입지, 셋째도 입지라고들 하는데, 나는 단골 고객이라고 생각한다. 입지는 아무리 사전조사를 한다 하더라도 운칠기삼이 작용한다. 그리고 한번 정하고 나면 일정 기간 동안 변경할 수 없다. 그러나 단골 고객은 반대로 운보다 노력이 영향을 미치기 때문이다. 자신의 진정성에 비례해서 고객들이 재방문이라는 피드백을 주고, 오고 가는 손길에서 경영의 재미와 보람을 느끼게 해준다.

재방문이 반복되다가 단골 고객이 되면 신규 고객에 비해 객단가도 높아진다. 단골 고객에게는 업셀링과 크로스셀링을 자연스럽게 제안할 수 있고 성공 확률도 높다. 처음 보는 고객보다 단골 고객에게 판매가가 높은 신메뉴를 제안하거나 어울리는 메뉴들을 추천해주는 것이 심적으로 편하기 때문이다. 자신이 좋아하는 사람의 부탁은 잘 들어주는 호감의 법칙이 작용하기 때문이다. 물론 그에 따른 서비스 제공도 필요하다. 그래서 단골 고객이 증가하면 객단가도 오를 수 있는 시너지가 생긴다. 이는 매출 증대로 이어지므로 고객 수 증대, 특히 단골 고객을 확보해야 하는 첫 번째 이유다.

두 번째 이유는 오던 사람들이 또 오고 자주 먹어본 사람들이 입소문을 내기 때문이다. 단골 고객들의 추천 의향율은 단골 고객의 가족, 친구, 동료 등의 매장 방문율을 높여 고객층이 확대되는 기회를 제공한다.

세 번째 이유는 단골 고객은 작은 불편쯤은 이해하고 넘어갈 정도의 여유가 있다. 바쁠 때는 심지어 일손을 도와주기도 한다. 자신이 미처 보지 못하는 메뉴나 서비스에 대한 개선 사항도 알려준다. 신메뉴를 출시할 때는 사전에 품평을 받아볼 수 있어 리스크를 줄일 수 있다. 마케터 역할도 하는 것이다. 추가 노동과 비용 없이도 홍보 판촉이 저절로 이루어진다.

마지막 이유는 시대가 요구하고 있기 때문이다. 언택트 소비와 식품업이 외식 시장 경계를 무너뜨린 상황에서 외식 횟수는 줄어들 수밖에 없다. 우리 매장을 방문할 수 있는 고객 수가 줄어들 수 있다 는 의미다. 이럴 때 주기적으로 방문하는 단골 고객은 고정 매출을 확보할 수 있게 해준다. 단골 고객도 자산이다. 자산을 활용한 회전 율이 높아야 매출이 증가하듯이 단골 고객도 그러한 자산의 역할을 한다. 이러한 자산을 유지하고 증대하기 위해서 투자해야 하는 것 은 당연하다.

내가 단골식당에 가는 이유

단골 고객을 늘리는 방법은 '역지사지(易地思之)'로 본인이 단골로 가는 식당들을 생각하는 것이다. 상품력의 매력에 빠져서일 수도 있고 사장과의 스킨십이 좋아서일 수도 있다. 마일리지 프로그램과 같은 보상 때문일 수도 있다. 종합하면 자신과 단골식당의 개성이 일치하기 때문이다. 방문하면 언제나 반겨주는 곳, 정중하지는 않 지만 밝은 인사와 가벼운 안부를 물어봐주는 곳일 가능성이 높다. 친밀감을 쌓는 것인데, 대형 레스토랑이나 맛집으로 소문나서 바쁜 곳은 잘할 수 없고 작은 매장들이 할 수 있는 영역이다.

우리 매장을 방문하는 고객들에게 코드가 맞도록 해주면 된다. 방문하는 모든 고객을 대상으로 할 수는 없다. 자신과 비슷한 코드를 가진 고객들과는 수월하게 관계를 맺을 수 있을 것이다. 그러한 고객은 놓치지 않겠다는 목표를 가지고 하루에 1명이라도 고객의 이름과 얼굴을 메모하고 기억하자. 밝은 환대와 이름을 불러주는 것부터 시작하자.

호기심을 자아내는 메뉴명으로도 고객과 친밀감을 높일 수 있다. 서울 홍대 근처 순댓국집에서 있었던 일화다. 메뉴판에 순대탕이라는 메뉴가 있었다. 일행 모두 순대탕이 무엇인지 추측의 답을 내놓기 시작했다. 그러자 우리의 논쟁을 들은 직원이 순대탕이 무엇인지 맞히면 공깃밥을 서비스로 제공하겠다는 제안을 해왔다. 순대탕의 정체를 밝히기 위한 우리의 열기는 더해갔다. 정답은 머리고기나 내장이 들어가지 않은 순대만 들어간 순댓국이라고 했다. 순대만 넣어달라는 고객들을 위해 메뉴를 별도로 빼놓은 것이었다. 내가 정답을 맞혔지만 공깃밥을 서비스받지는 않았다. 그것보다 더한 교훈을 배웠기 때문이다. 순대만 들어간 메뉴명을 작명한 센스와 그것을 가지고 직원이 고객과 소통할 수 있는 경영시스템이 그 순댓국집에 세팅되어 있었다. 세상은 넓고 배울 곳은 많다.

단골 고객, 있을 때 잘하자

고객 유지율을 5%만 높이면 비즈니스 수익을 25~95% 증가시킬 수 있다고 한다. 이는 단골 고객이 이탈되면 그만큼 기대수익을 잃어버리게 된다는 의미다. 애써 관계를 맺은 단골을 유지하는 것이 중요한 것이다.

나는 아예 서비스 메뉴를 제공받지 못한 경험이 있다. 딸아이 서영이가 아기일 때 외식이 힘들어 동네 중식당에 배달을 자주 시켜 먹었다. 주문을 하다 보니 쿠폰 모으는 재미가 생겨서 30장이면 먹을 수 있는 탕수육을 참고, 쿠폰 50장을 채웠다. 팔보채를 먹을 수 있었다. 토, 일, 공휴일은 안 된다는 쿠폰 사용 제한(이것도 사실 단골에 대한 배려가 없는 규칙이다, 이때 알아차렸어야 했다)이 있어서 평일에 시간 날 때를 기다렸다가 설레는 마음으로 주문을 했다. 그랬더니 쿠폰 서비스가 종료되어서 제공할 수 없다는 청천벽력 같은 이야기를 한다. 팔보채가 날아갔다.

난 팔보채를 잃었고 중국집 사장은 단골을 잃었다. 누가 손해일까? 단골고객에게 권태기를 느낀다면 그만둘 때가 된 것이다. 서서히 빠지는 고객 수와 매출로 손실 보기 전에 매장 털고 나가는 것이 좋다. 아니면 늦기 전에 초심을 찾아야 한다. 있을 때 잘해야 되는 것은 연인, 가족뿐 아니라 단골 고객도 마찬가지다. 마음 떠난 연인의 마음을 되돌리는 것이 얼마나 힘든 일인가. 하물며 단골 고객의 마음을 되돌리는 것은 거의 불가능하다. 초심을 유지하고 권태기를 예방하자.

영업시간 늘린다고
매출도 늘지 않는다

브레이크 타임이 변화의 시작?

외식업에 종사해오면서 깰 수 없었던 상식 중 하나가 365일 연중무휴였다. 수요가 공급보다 많았던 시대에 고착화된 비즈니스 모델이 공급이 더 많아진 지금도 변하지 않고 있는 것이다. 그래서 365일 긴장의 연속이다. 크고 작은 사건사고들이 365일 발생하기 때문이다. 백화점 영업을 중심으로 한 이후는 한 달에 한 번 긴장을 푸는 날이 있다. 바로 백화점 정기휴무일이 그날이다. 이렇게라도 긴장을 풀 수 있는 날을 가지게 된 것만으로도 삶의 질은 높아진 것만 같았다. 이러한 기분을 느끼게 되니, 한 달에 한 번이 아니라 두 번, 세 번, 네 번 할 수 있는 방법이 없을까 생각하기 시작했다.

그래서 시간대별 매출을 들여다보았다. 시간대별 매출을 들여다봐도 매출을 확보할 수 있는 시간대는 한정돼 있고, 적자를 보는 시간대가 더 많다. 그럼에도 혹시 올지 모르는 고객 때문에 불안해서 쉬지 않고 문을 열어놓을 수밖에 없었다. 임대료, 인건비 등 고정비를 최적화하기 위해서는 문이라도 열어놓아야 위안이 된다. 하루도 쉬지 않고 일을 한다고 자랑스럽게 말하는 사장들도 있다. 그들의 성실함에 대해서는 경의를 표하지만 그렇게 하다 보면 알게 모르게 몸이 축나서 오래 할 수 없는 몸이 돼버린다. 그렇게 해도 매출이 늘지 않으면 마음까지 축난다. 지독한 노력도 중요하지만 방향을 잘 잡는 것이 더 중요하다.

공고하던 영업시간 규칙이 코로나19 이후 변화의 바람이 일었다. 브레이크 타임이 확산된 것이다. 이것은 점심 영업이 끝나고 저녁 영업을 위해 휴식과 식재료 준비를 위해 문을 닫는 것인데, 주로 호텔 레스토랑과 파인 다이닝 레스토랑 중심으로 활용되고 있었다. 그러나 코로나19로 자의든 타의든 브레이크타임이 작은 레스토랑으로까지 확산되고 있다. 언제 올지 모르는 고객 때문에 늦은 점심도 먹는 둥 마는 둥 하다가 이제는 편하게 앉아서 점심을 먹을 수 있게 된 것이다. 인건비 절감을 위해 살기 위해 어쩔 수 없이 선택하게 됐지만, 이전에는 미처 알지 못한 영업시간에 대한 깨달음을 얻을 수 있을 것이다.

영업시간 짧게 해주는 한정판매

고전적인 레스토랑 영업시간과 판매 방식에 대한 상식에 도전하고 방향 설정을 잘해서 결과를 만들어내는 매장들이 늘어나고 있다. 그들의 방향은 한정판매와 고객 수요가 확실한 시간대에만 영업을 제한적으로 운영해서 생산성을 높이는 것이다.

한정판매를 가장 많아 활용하는 곳은 홈쇼핑일 것이다. 홈쇼핑에서 김치, LA갈비 등을 판매하기 위해 홈쇼핑을 스터디하던 중 모든 홈쇼핑 채널에서 눈에 띄는 것은 '한정판매'라는 문구였다. 한정된 물량만을 판매해 고객의 구매 욕구를 더욱 자극하고, 잠재고객을 배고픔(Hunger) 상태로 만드는 기법인 헝거 마케팅 전략으로 희소가치를 만들어내고 욕구를 자극한 것이다. 한정판매라는 메시지에 선택의 자유를 잃어버리는 두려움 때문에 이전보다 더 강렬하게 제품을 소유하고 싶어지는 것이다. 좋은 기회를 놓치고 싶지 않다는 마음이 들게 하는 것이다.

스타벅스 한정판 굿즈를 가지기 위해 커피 300잔을 주문하고 굿즈만 가지고 간 사례는 한정판매의 효과를 실감케 한다. 스타벅스는 한정판매 메뉴 판촉도 영리하게 잘 활용한다. 기간으로도 한정하지만, 나라별, 지역별 등으로도 한정해서 구매를 자극한다. 가령 한국에서만 먹을 수 있는 메뉴가 있고, 제주도에서만 먹을 수 있는 메뉴가 있다.

레스토랑에서도 이를 잘 활용하면 제한된 공급에 대한 고객의 심리를 건드려 줄을 서게 만들 수 있다. 판촉 전략이 아니라 비즈니스 모델로도 발전시킬 수 있다. 한정판매를 매장의 콘셉트로 발전시키는 것이다. 인천 영종도에 있는 국수 전문점 '유정집'이 그런 곳 중의 하나다. 이곳은 하루에 국수를 150그릇 한정판매한다. 150그릇 판매하고 영업을 종료한다. 점심 장사만 하는 셈이다. 치킨 프랜차이즈 브랜드인 '60계'는 매일 60마리 한정판매 콘셉트로 살벌한 치킨 시장에 진입해 자리를 잡았다. '60마리' 기준은 새 기름 교체 주기를 의미한다. 신선한 기름에 튀긴다는 차별적 이미지를 한정판매로 고객들에게 각인시켰고 구매를 자극한다. 그리고 60계 치킨은 한정판매로 가맹점주들의 저녁 있는 삶을 목표로 한다고 한다.

이와 같이 한정판매는 고객의 구매심리를 자극하기도 하지만 영업시간을 짧게 운영해도 되는 구조도 만들어준다. 매출 목표도 명확해지고 매출의 기복이 없어 계산이 서게 된다. 이에 관리 요소도 간결해진다. 품질을 올릴 수 있는 체력과 연구할 여유도 생긴다. 고객만족도는 높아지고 삶의 만족도도 높아지는 선순환이 된다.

▌영업시간 제한이 오히려 차별화

차별화는 고객의 편익을 위해 제품이나 서비스에 큰 변화를 주는 것을 말한다. 변화의 기준은 경쟁사의 제품과 서비스에 비교해서 다름이 있어야 한다. 세계적인 마케팅 전문가인 세스 고딘은 퍼플 카우(Purple Cow)란 개념으로 이를 잘 표현했다. 푸른 초원을 달리는 수많은 소 떼들은 사람들의 관심을 끌지 못한다. 완벽한 소, 매력적인 소, 성질이 대단한 소 모두 태양 빛 아래서는 똑같은 한 마리의 소일 뿐이다. 하지만 그 무리 속에 퍼플 카우가 있다면 사람들의 관심을 단번에 사로잡을 수 있을 것이라고 했다.

점심에도 영업하고 저녁에도 영업하고 일요일에도 영업하고 명절에도 영업하는, 365일 연중무휴로 영업하는 레스토랑들은 소 떼들과 같다. 그 틈바구니에서 점심 혹은 저녁만 영업하는 하루에

3~4시간 영업하는 레스토랑은 퍼플 카우가 될 수 있다. 서울 신촌에 있는 중식당 효동각은 하루 3시간 영업을 한다. 게다가 매주 일요일과 월요일은 휴무다. 서울 종로구 청운동에 있는 중식당 중국도 오전 10시부터 13시까지 하루 3시간 영업을 한다. 게다가 일요일은 휴무다. 재료가 소진되면 더 빨리 문을 닫는다.

위에서 말한 레스토랑들의 아이템은 다르지만 공통점은 고객들이 줄을 선다는 것이다. 한정판매하는 레스토랑처럼 구매할 수 있는 제한을 줘서 구매의 자유를 쟁취하고자 하는 고객의 심리를 건드렸다. 이와 같이 구매에 제한을 두게 되면 실제 가치보다 더 높게 평가하는 경향이 있다. 이에 대단한 맛과 메뉴가 아니더라도 고객들에게 가치를 인정받을 수 있다. 퍼플 카우니까 가능한 것이다.

적게 일하고 생산성을 높이자

한정판매와 영업시간을 제한하기 힘든 아이템과 상권이라면 적은 직원 수와 노동시간으로 운영할 수 있도록 연구해야 한다. 노동생산성을 높여야 하는 것이다. 노동생산성이 높다는 것은 들어간 것(input) 대비 나온 것(output)이 더 많은 것이다. 즉 노동시간이나 근무 인원 대비 매출 이익이 높은 것이다. 노동생산성을 높여야 한다고 해서 대단한 비법이 필요한 것은 아니다. 가장 효율적인 것은 불필요한 노동시간을 줄여주는 것이다. 이를 위해 냉장고와 공산품 식자재 정리정돈을 잘해야 한다. 그렇게 하면 식재료 찾는 시간, 발주 시간과 재고관리 시간을 줄일 수 있다. 제때 사용하지 않아 폐기해야 하는 식자재의 손실도 막을 수 있다. 그리고 직원들이 홀 업무와 주방 업무를 모두 할 수 있도록 교육시키는 것이 좋다. 홀 업무가 끝났다고 해서 주방업무는 담당 업무가 아니라고 아무것도 하지 않게 내버려두는 것도 손실이다.

　12시간 이상 오픈하지 않아도 한정판매와 제한된 영업시간으로 지속 가능한 경영을 할 수 있다. 그러나 모든 아이템과 상권에 적용할 수는 없다. 고정비인 월세와 인건비가 부담스럽지 않은 작은 매장과 상권에서 적합하다. 메뉴가 많으면 적용하기 힘들고 단순해야 한다. 생산성을 높이고 조금씩 영업시간을 줄여나가면 된다. 브레이크 타임이 시작이다. 어쩔 수 없이 시작했지만 퍼플 카우가 될 기회로 생각하자. 결코 해본 적이 없는 일을 해야 퍼플 카우가 될 수 있다. 그래야 결코 가져본 적이 없는 것도 쟁취할 수 있다.

　한정판매와 제한된 영업시간으로 운영하게 되면 고객의 욕구는 더욱 절실해진다. 고객들은 레스토랑의 자신감에 한 수 접고 들어가게 된다. 주도권을 레스토랑이 가지게 되는 것이다. 짧은 시간 동안 영업을 함으로써 상품력을 강화하기 위해 노력할 시간적 여유도 생긴다. 오래 할 수 있는 힘도 생긴다.

1등 마케터, 메뉴판을 채용하자

메뉴판을 확보해야 했던 과거

패밀리레스토랑에 근무하던 시절, 벤치마킹이 나에게는 즐거운 일이 아니었다. 그 이유는 벤치마킹 때 주어지는 미션 때문었는데, 경쟁사의 메뉴판을 가져오는 일이었다. 구매를 하면 되겠다는 생각으로 접근했으나 판매할 수 없다는 답변이 대부분이었다.

그래서 선택한 방법은 그냥 가져오는 수밖에 없었다. 메뉴판을 가지고 나올 생각에 긴장이 되어 메뉴 맛이나 분위기를 체크할 여유도 없었다. 왜 선배들은 메뉴판을 가져오라는 미션을 주었을까? 메뉴판을 통해 그들의 메뉴 전략, 가격 전략, 마케팅 전략 등을 유추해볼 수 있었기 때문이었다.

주류 패밀리레스토랑들은 메뉴판을 커뮤니케이션 도구로 인식하고 메뉴판에 많은 노력을 기울였다. 메뉴 사진 퀄리티부터 남달랐다. 메뉴 이미지, 사이즈, 크기, 위치, 폰트, 글자 수, 가격표시 방법, 메뉴판 재질 등이 고객의 구매 행동에 영향을 미칠 것이라는 가설 아래 많은 시도를 했다. 특히 프로모션 진행 시에는 프로모션 콘셉트에 맞는 색다른 디자인과 카피로 고객들의 주문을 유도했다. 메뉴판을 잘 활용하면 가격과 마진이 좋은 주력 메뉴를 촉진할 수 있어 매출에 도움이 된다는 것을 그들은 알고 있었던 것이다.

메뉴판으로 스토리텔링하자

메뉴가 하나만 있다고 하더라도 메뉴판을 준비해놓는 것이 좋다. 메뉴판을 통해 고객에게 직접 들려주지 못하는 이야기들을 전달해줄 수 있기 때문이다. 메뉴판으로 고객들이 볼 수 없는 메뉴에 대한 숨은 스토리를 전달해주면 좋다. 레스트랑 이름을 지은 이유를 밝히면서 '왜 하는지'에 대한 진정성을 보여주면 좋다. '집안 대대로 내려온 100년 이상 된 레시피로 만든 메뉴', '15가지 이상의 천연 재료를 배합하고 52시간 이상 숙성해서 만든 소스' 등 숨겨진 스토리와 노력을 보여줄 때 고객의 시선은 달라지게 된다.

사소하게 생각되는 것이라도 업주의 정성과 노동이 들어가는 것들을 고객에게 알려줄 필요가 있다. 아무리 상품력과 위생 청결을 위해 14시간 이상 지독한 노동을 해도, 알리지 않으면 고객들은 모른다. 메뉴판은 스토리텔링을 하기에 좋은 도구다.

음식을 알고 먹으면 더 맛있게 느껴진다. 그래서 메뉴를 상세하게 스토리텔링하는 것이 중요하다. 스탠퍼드대학교의 언어학 교수인 댄 주래프스키는 메뉴 6,500종에 실려 있는 65만 가지 요리를 바탕으로 단어와 가격의 상관관계를 조사했다. 조사 결과, 레스토랑이 요리를 설명하는 데 더 긴 단어를 쓸수록 음식값을 더 높은 것으로 나타났다. 음식을 묘사하는 데 평균 길이보다 글자 하나가 더 늘어날수록 그 음식값에 18센트가 상승했다고 한다. 원산지, 조리 방법, 식재료, 맛에 대한 묘사 등 메뉴에 대한 미사여구들은 맛에 대한 연상과 즐거운 기대감을 일깨우기 때문일 것이다.

그러나 '맛있는', '맛깔스러운', '굉장한'처럼 긍정적이고 모호한 단어가 한 번 쓰일 때마다 음식의 평균가격은 9% 낮아진다고 한다. 이는 메뉴에 대한 장점이 없거나 내세울 만한 특징들이 없어서 일반적인 내용을 과도하게 강조하기 때문일 것이다. 나 역시 메뉴판 기획 시에 자랑할 것이 없는 메뉴에는 '신선한', '부드러운', '향이 좋은', '맛있는' 등의 일반적인 형용사들로 보완하곤 한다.

즉 구체적인 묘사가 필요하며 식재료의 원산지와 설명이 들어가면 더 높은 가격을 받을 수 있는 것이다. 그냥 '흑돼지 삼겹살'을 '지리산 자락에서 자라 비계마저 쫄깃하고 고소한 흑돼지 삼겹살'로 바꿔보자. 더 매력적이지 않은가? 고객들이 더 비싼 가격에 구매할 수도 있을 것이다. 우리나라 흑돼지의 60% 이상이 제주도가 아닌 지리산을 끼고 있는 산청, 함양 등에서 사육되고 있다는 팁을 추가적으로 전달해줘도 좋다. 고객들이 몰랐던 사실을 일깨워주면 더욱 효과적이다.

그러나 메뉴의 특징이나 맛을 언어로 표현하는 작업을 해보지 않은 초보 창업자들에게는 어렵게 느껴질 수 있다. 이때는 잘되는 곳의 메뉴판을 벤치마킹 하는 것도 방법이다. 일상생활 속에서 벤치마킹하는 방법도 있다. 마트나 편의점에서 식품을 구매할 때 제품의 패키지를 관찰하는 습관을 가지면 좋다.

마트나 편의점에서는 제품들의 패키지가 메뉴판 역할을 한다. 수많은 제품들이 자기를 구매해달라고 스토리텔링하고 있다. 유능한 마케터들의 고심 끝에 내놓은 패키지를 관찰하면 메뉴판에 대한 영감을 얻을 수도 있고 공부도 된다. 최근 트렌드를 반영한 브랜드 콘셉트는 물론 브랜드 네임을 도드라지게 하는 수식어들을 학습할 수 있다.

█ 주력 메뉴를 선택하도록 유도하자

중식당 저녁 코스 메뉴를 결정할 때의 일이다. 내부적으로 많은 의견들이 오고 갔다. 코스 종류를 2가지만 하자는 의견, 코스 가격을 점심 코스처럼 합리적으로 가자는 의견, 목적형 외식이 많은 저녁이니 고가로 가자는 의견 등 각자의 논리를 내세웠다. 의견이 반영한 메뉴를 바탕으로 코스 메뉴들 중에서 극단적인 양쪽을 배제하고 중간이 위치한 대안을 고르는 심리인 타협효과를 고려했다. 주력 메뉴를 밀고자 할 때 타협효과를 활용해서 성과를 경험했기 때문이다. 주력 메뉴보다 낮은 가격의 메뉴와 높은 가격 메뉴의 중간에 주력 메뉴를 배치해 선택받도록 하면 된다.

이번에는 다음 페이지 표와 같이 3가지 코스 외에 난이도 있는 요리가 들어간 최고가 코스를 하나 더 만들어서 다이닝 레스토랑의 격을 표현해주는 역할을 맡겼다. 주력 메뉴는 B코스로 결정 하고 메

중식 저녁 코스 메뉴 판매 점유율 결과

메뉴명	판매가(원)	점유율(%)
A코스	39,000	45
B코스	55,000	39
C코스	69,000	12
D코스	85,000	4

뉴 구성, 원가, 마진, 판매가격을 설계했다. 타협효과에 의해 B코스가 더 많이 판매될 것으로 예상했으나 결과는 A코스가 더 많이 판매됐다. 이유를 분석해보니 고객들은 A코스의 가성비가 좋다고 인식하고 있었다. A코스에 힘을 덜 뺀 것이었다.

타협효과는 코스 메뉴와 소, 중, 대 메뉴를 파는 레스토랑에 효과적으로 활용할 수 있다. 고객들은 일반적으로 중간 가격대인 코스와 중 메뉴를 선택한다. 코스 메뉴를 구성할 때는 상기 중식당 사례처럼 주력 메뉴 코스와 낮은 가격의 메뉴 코스와의 차이를 분명하게 하는 것이 좋다. 그래야 의도한 대로 주력 메뉴가 더 잘 팔린다.

메뉴판은 가성비 좋은 서비스 마케터

주점 프랜차이즈에 있을 때 메뉴판 기획에 가장 많은 에너지를 쏟았다. 1년에 두 번 신메뉴 출시 때마다 변경하는 메뉴판이 매출에 영향을 미치는 것을 노련한 가맹점주들은 알고 있어서 관심이 높았기 때문이다.

주점 특성상 메뉴 수가 많고 전국의 다양한 상권과 입지에 입점되어 있어서 표준화하기가 어려웠다. 그래도 가장 주안점을 두었던 부분은 인기가 많고 마진도 좋은 메뉴를 미는 것이었다. 이를 위해 시즐감 나는 사진을 찍고, 주력 메뉴 사진의 사이즈를 크게 했다. 상대적으로 고객 선호도가 떨어지거나 마진이 좋지 않은 메뉴는 사진을 넣지 않았다. 사진이 없는 메뉴는 확실히 판매량에 차이가 있었다.

그런데 다양한 상권과 입지에 따라 고객 선호도에 차이가 있는 것이 변수였다. 각 매장마다 "잘 나가는 메뉴이니 사진을 넣어달라"라는 요청이 들어왔다. 그래서 메뉴판을 획일적으로 통일되게 진행하지 않고 상권과 입지의 특성을 반영했다. 문제는 매장 수가 500개가 넘다 보니 신메뉴 출시로 메뉴판을 변경할 때는 세심히 봐야 했다. 가격 글씨 사이즈도 처음에는 메뉴명과 같은 사이즈로 하다가 메뉴명보다 작게 했다. 지방에 있는 한 가맹점주의 요청이었다. 가격 글씨가 크게 보여서 지방에서는 주문하기가 부담스럽다는 것이었는데 합리적이라 판단해 전 매장 메뉴판에 적용했다.

메뉴판에는 레스토랑의 콘셉트부터 시작해서 메뉴, 가격, 서비스, 이벤트 등 모든 매장과 관련된 모든 정보들이 담겨 있다. 직접 말로 설명하기 어려운 정보를 담기도 한다. 이를 통해 고객들에게 주력 메뉴를 추천하기도 하고 유도하기도 한다. 주력 메뉴를 영화 주인공처럼 돋보이게 해서 팬덤이 형성될 수 있게 해준다. 그리고 이번에 먹어보지 못한 메뉴는 찜해놓고 '다음에 와서 먹어 봐야지' 하는 마음의 예약도 하게 한다. 인건비가 들어가지 않는 서비스 마케터 역할을 하고 있는 것이다.

4장

집객력을
올리는

하루 30분
Jump up

집객의 시작,
이름값 하자

〈겨울왕국〉이 아니라 〈프로즌〉이었다면

딸아이가 4~5세 때 〈겨울왕국〉에 흠뻑 빠져 반복해서 보고 노래를 따라 부르는 것이 일과였던 적이 있다. 영화를 살펴보니 원제목은 〈Frozen〉이었다. 만약 영화 제목을 원제 그대로 읽어 〈프로즌〉이나 원제를 살려서 〈얼어붙은 왕국〉이라고 했다면 인기가 덜하지 않았을까? 〈겨울왕국〉이라 불리면서 스토리의 신비감과 엘사 공주의 매력을 한층 더 끌어올렸다고 생각한다.

스토리와 주연 캐릭터도 중요하지만 그것을 담아내는 영화 이름도 중요하다. 마찬가지로 상품력과 서비스도 중요하지만 상품력과 서비스를 담아내는 레스토랑 이름도 중요하다. 레스토랑 이름은 식별 기능만 하는 것이 아니라 정체성을 표현할 수 있기 때문이다. 업력이 쌓이고 평판이 축적되어 브랜드가 되면 무형자산의 가치를 발휘할 수도 있다. 호적에 이름을 올려서 나의 존재를 세상에 알리듯이 레스토랑 이름이 있어야 영업신고증과 사업자등록증에 이름을 올리고 창직의 시작을 알릴 수 있다.

이름이 얼굴, 상표등록은 필수!

'레스토랑' 이름을 짓기 위해서는 먼저 레스토랑 콘셉트, 상권과 입지, 목표 고객, 경쟁업체, 디자인, 상표등록을 고려해야 한다. 레스토랑 콘셉트는 고객이 방문해야 하는 이유이자 근거다. 레스토랑 콘셉트를 구체화할 수 있는 이름이어야 고객에게 직접 소구할 수 있고 광고와 홍보효과를 노릴 수 있다. 영어나 한자 등을 사용한 이름은 특정 상권이나 목표 고객이 이해하기 힘들 수도 있다. 경쟁업체들의 네이밍 방법과는 다르게 가는 게 일반적이다. 그러다 보니 특정 아이템이 밀집된 곳에서는 원조 경쟁이 붙기도 했다. '원조', '진짜 원조', '내가 원조' 등 수식어를 붙여서 다름을 보여주려 하는 에피소드도 있었다.

이름이 로고 디자인으로 잘 표현할 수 있을지도 고려해야 한다. 로고 디자인을 파사드나 간판에 녹여 고객의 주목을 끌어야 하는데, 디자인이 용이한 이름이면 더할 나위 없다.

'위연구어(爲淵驅漁)'라는 말이 있다. 물고기를 깊은 못으로 몰아준다는 뜻으로 기껏 남 좋은 일만 시켜준다는 의미다. 상표등록을 안 하면 이와 같은 상황이 발생할 수 있다. TV 프로그램 〈골목식당〉에 출연해서 좋은 평을 받았던 포항의 '덮죽'이 상표권 등록을 하지 않아 피해를 본 사례다. 방송을 본 타인이 먼저 출원을 해버렸다. 현행 상표법은 '선출원주의'라서 권리를 빼앗겨버리게 된 것이다. 아직 상표권 소송이 끝나지 않았으나 원조 업체가 못 쓰게 되거나 누구나 다 사용할 수 있는 상표가 될 수도 있다. 상표권 출원을 하지 않아 '죽 쒀서 개 주는' 꼴이 되어버린 것이다. 노이즈 효과도 있겠으나 현재로서는 기회비용을 감안하면 득보다 실이 큰 것으로 보인다.

상표 출원을 하기 전에 출원이 가능한지는 특허검색 서비스 키프리스에 들어가서 확인해볼 수 있다. 일반적으로 누구나 알고 있는 보통명사, 단순한 단어, 성질이나 원산지를 나타내는 단어, 널리 알려진 지리적 명칭, 이미 출원되어 있거나 비슷한 상표는 상표등록이 되지 않는다. 나도 상표 출원을 하려고 했으나 이런 이유들로 출원을 하지 못한 네이밍들이 있다.

이런 경우 식별력 있는 로고를 같이 결합해 등록률을 높이는 방법도 있다. 로고를 같이 결합하더라도 등록률이 낮은 경우가 있으니 전문가와 상의해서 진행하는 것이 시간을 버는 것이다. 약은 약사에게 맡기는 것처럼 상표는 변리사에게 아웃소싱하고 상품력과 서비스를 챙기는 것이 더 효율적이다. 출원 이후 등록 결정되기까지 1년 정도 기간이 소요되니 오픈 전에 미리 출원하는 것이 좋다.

직관적으로, 길지 않게, 쉽게 기억나도록

레스토랑 이름은 직관적으로 짓는 것이 좋다. 무엇을 파는 곳인지 한 번에 고객이 알아채고 머뭇거릴 시간을 안 주는 것이 좋다. 이름이 집객의 기초가 되는 것이다. 그러지 않으면 우리 레스토랑이 무엇을 하는 곳인지를 알리기 위한 생각과 비용이 추가로 발생한다. 차별화에 몰두해 너무 창의적인 이름에 집착하면 고객들의 마음을 단번에 사로잡기 힘들다. 단, 관여도가 높은 고급 레스토랑은 예외이기는 하다.

많은 레스토랑들이 메인 식재료, 기능적 편익, 카테고리 일반 명칭을 그대로 사용하는 네이밍을 한다. 커피빈, 버거킹, 치킨매니아 등이 대표적인 사례다. 이런 네이밍은 고객이 어떤 편익을 얻을 수 있을지 쉽게 전달이 되는 반면, 가장 많이 사용하는 방법인 만큼 식별력이 떨어질 수 있다. 그래서 수식어를 활용해 추가적인 편익을 전달하거나 개성을 표현할 수 있다. 가령 순댓국밥 전문점에 '시골'이라는 단어를 붙여 시골에서 먹던 맛과 향수를 불러오게 할 수 있다.

둘째, 지명을 이용해 네이밍하는 방법이다. 이는 국가나 지방이 가지고 있는 긍정적 이미지를 차용할 수 있는 원산지 효과를 누릴 수 있다. 이국적이거나 전문적인 느낌을 전달할 수 있다. 그래서 중식당은 중국의 지명을 활용한 곳이 많다. 돈가스나 카레 전문점은 일본 지명을 활용한다. 한식에서는 국내 지명을 많이 활용한다. 맛의 고장으로 유명한 전라도 지역 지명을 많이 사용한다. '전주', '남원', '광주' 등 지명을 단 간판을 자주 보았을 것이다. 최근에는 지역을 더 쪼개어 면 단위의 지명도 사용한다. 우대갈비집으로 유명한 '몽탄'이 그 예다.

지역색이 강한 음식이 시그니처 메뉴인 경우는 해당 지명을 사용한다. '제주 흑돼지', '부산 곰장어', '대구 막창' 등이 대표적이다.

최근에는 주목받는 동 단위 지역명도 활용하고 있다. '삼청동', '성수동', '연남동', '익선동' 등이 대표적이다.

셋째, 인물명을 활용해 네이밍하는 방법이 있다. 이름을 걸고 이름값에 맞는 명성으로 신뢰를 전달할 수 있고 상품력에 대한 기대를 높여준다. '마복림 떡볶이'처럼 원조를 강조하거나 노포의 이미지를 전달하기 위해 인물명을 활용하기도 한다. 인물명을 직접 표현하지 않고 창업자의 고유한 이미지나 개성을 캐릭터화해서 네이밍을 하기도 한다. '뚱뚱이할머니 족발', '털보 족발', '빽다방'이 대표적이다.

넷째, 유머를 활용한 네이밍 방법이다. 유명 브랜드, 유행어, 영화 혹은 드라마 등을 패러디하는 경우가 많다. '푸라닭', '스타닭스', '먹도날드', '돼지가꼬추장에빠진날', '1988 응답하라 추억의 옛날도시락', '나는 조선의 갈비다' 등의 사례가 있다. 호기심으로 한 번쯤 들어가고 싶은 욕구를 자극한다. 고급스러운 이미지를 주기는 힘들어서 객단가가 어느 정도 있는 곳은 사용하기 어렵다.

다섯째, 스토리가 있는 네이밍 방법이다. 이 방법은 3가지 표현 전략이 있다. 은유형, 문장형, 축약형이다. 은유형은 레스토랑 콘셉트를 암시적으로 표현해준다. 한식을 양식 조리법으로 재해석해 미쉐린 가이드 별 두 개를 받을 정도로 유명세를 떨치고 있는 밍글스(Mingles)가 대표적이다. 밍글스의 사전적 의미는 '섞이다, 어우러지다'인데, '서로 다른 것들을 조화롭게 어우르다'라는 레스토랑 콘셉트를 암시하고 있다. 숯불구이코스 전문점 경복궁은 궁중 음식과 관련이 없지만 격조 높은 한식의 이미지를 떠올리게 한다.

문장형은 이야기를 하듯 다소 긴 문장을 그대로 브랜드 네이밍화 하는 방법이다. 슬로건과 이름을 결합하는 경우도 있다. 특별한 보조 장치 없이 레스토랑 콘셉트를 있는 그대로 노출할 수 있는 장점이 있다. '후라이드 참 잘하는 집'은 프라이드 치킨만큼은 다른 곳보다 잘할 것 같은 느낌이 들게 한다. 나도 문장형으로 네이밍은 딱한 번 해보았다. 국수를 주문하면 보쌈을 서비스로 주는 콘셉트인 레스토랑이어서 '보쌈주는국수'로 네이밍했다. 문장형은 세련된 느낌을 전달하는 데는 한계가 있다.

'누나홀닭(누구나 홀딱 반한 닭)', '오빠닭(오븐에 빠진 닭)', '육쌈냉면(고기에 싸먹는 냉면)'은 축약형 사례이다. 축약형의 장점은 원래의 문장을 슬로건으로 활용할 수 있다는 것이다. 고객들이 무슨 뜻일까 궁금해할 가능성에 대비해 브랜드 옆에 문장을 그대로 표기하거나 로고 타입으로 만들 수 있다. 레스토랑 콘셉트를 직접적으로 나타낼수 있는 문장을 만든 다음 해당 문장을 압축하는 방법으로 활용한다. 누나홀닭과 오빠닭을 처음 들었을 때 여성을 타켓으로 한 치킨 콘셉트의 브랜드인 줄 알았다. 타깃 고객이 젊을수록 유리하고 한글 활용이 용이하다.

여섯째, 숫자를 이용한 네이밍이다. 문자 브랜드에 비해서 차별화가 상대적으로 용이하나 숫자만으로 네이밍하면 효과가 낮다. 그래서 숫자와 문자를 결합하는 경우가 많다. 그리고 숫자가 레스토랑 콘셉트를 나타낼 경우 차별화가 용이하다. 고기 카테고리에서 '육(肉)'과 '6'을 혼용해서 많이 쓰고 있다. '홍콩반점 0410', '이백사호', '철판미학250℃' 등을 예로 들 수 있다. 철판미학250℃는 철판볶음밥 전문 브랜드인데 볶음밥이 철판의 온도 250℃일 때 가장 맛있게 볶아낼 수 있다는 것을 의미한다. 내가 숫자를 이용해서 네이밍한 첫 브랜드이다.

일곱 번째, 두 단어를 결합해 네이밍하는 방법이다. 두 단어가 결합해 새로운 관념 혹은 이미지를 생기게 한다. 쉬운 단어들을 주로 결합하므로 레스토랑의 콘셉트가 직접 전달되는 장점이 있다. 특히 낯선 두 단어를 조합할 때 임팩트는 더 강하게 다가온다. 서울 신림동에 있는 '하와이조개'가 대표적이다. 우리나라 사람들이 가고 싶어 하는 대표적인 휴양지 '하와이'와 구이나 찜으로 즐겨 먹는 '조개'가 결합되어, '이국적인 조개구이 전문점'이라는 이미지를 만들어 냈다. 반면에 두 단어가 결합하는 네이밍은 음절이 길어지는 단점이 있다.

마지막으로 창직의 이유, 소명, 나의 개성이나 무기를 담아서 네이밍할 수 있다. 부대찌개 브랜드인 '모박사 부대찌개'에는 창업주의 개인적 소명이 담겨 있다 성이 모(毛) 씨인 부인을 박사처럼 존경하겠다는 의지의 표시라고 한다. 어려움을 함께 건너준 부인에 대한 고마움과 성공을 위한 와신상담을 위함이었을 것이다. 서울 옥수동에 있는 '부부요리단'이라는 레스토랑에서는 부부가 함께 운영함을 알 수 있고, 요리에 일가견이 있는 부분을 어필하고 있다.

이름값에 걸맞게 경영하자

레스토랑 이름은 고객의 기대를 다르게 하고 긍정적인 연상 이미지를 가져온다. 그래서 네이밍은 집객의 시작이다. 시각과 청각을 사로잡을 수 있는 이름이 집객력의 기초다. 음절, 발음, 의미 3박자가 잘 어우러져야 하는 이유다. 음절이 길거나 발음이 어려우면 안 된다. 보통 3음절 정도로 많이 하는데, 최근에는 2음절 네이밍도 증가하는 추세다.

레스토랑에 이름이 불려진 순간 또 다른 인격체가 된다. 자신의 이름값에 먹칠하지 않는 것이 중요한 것처럼 레스토랑의 이름값에 먹칠하지 않는 것도 중요하다. 잘 지은 이름에 명성을 더해서 이름값을 만들어야 한다. 이름값을 한다는 말은 붙여진 이름에 걸맞게 생각하고 고객과의 약속을 지킨다는 의미도 담고 있다. '보쌈주는국수'는 고객에게 보쌈 제공하는 것에 인색해서는 안 되고 '철판미학 250℃'는 맛있는 볶음밥을 제공하기 위해 데판 유지보수에 소홀하면 안 된다. 고객이 방문해야 하는 이유인 레스토랑 콘셉트가 무너지면 안 되는 것이다.

레스토랑 이름값이 쌓이면 레스토랑에 대한 전반적 수준의 잣대가 되어 집객력의 힘이 된다. 그리고 레스토랑의 무형자산 가치에 결정적 역할을 한다. 가격 프리미엄도 생긴다. 좀 더 비싸게 받을 수도 있는 것이다. 이름값에 맞게 레스토랑 콘셉트의 차별성과 필요성을 유지해야 하는 이유다.

우리 매장을
생각나게 하자

고객이 우리 매장에 와야 하는 이유는?

외식업은 장기전이다. 시간이 지나야 상품력도 안정화되고 단골도 차츰 늘어난다. 업력이 쌓이게 되고 팬덤이 두텁게 형성되면 그때 고수의 반열에 오르게 된다. 장기전으로 가기 위해서는 우리 매장이 기본적으로 가야 할 방향인 콘셉트가 중요하다. 이를 통해 메뉴, 인테리어, 가격, 서비스 등으로 일관된 메시지를 고객들에게 전달하고, 매장의 이미지를 각인시킬 수 있다. 아이템을 찾으면서 개발한 메뉴 콘셉트 혹은 고객이 불편하거나 결핍된 부분을 찾아서 해결하고자 할 때 콘셉트를 자연스럽게 도출할 수 있다.

레스토랑에서 전달하고자 하는 메시지와 고객이 생각하는 레스토랑 이미지가 일치할 때 고객들은 신뢰를 느끼게 된다. 그렇게 되면 우리 매장에 와야 하는 이유가 생긴다. 이때 바로 브랜드가 된다. 작은 레스토랑도 콘셉트가 있다면 얼마든지 브랜드가 될 수 있다.

우리 동네에서 된장찌개 하면 생각나는 곳은?

햄버거가 먹고 싶을 때 '어디에 갈까' 생각하면 떠오르는 브랜드들이 있을 것이다. 나는 맥도널드, 롯데리아, 버거킹, 노브랜드버거, 맘스터치 순으로 떠오른다. 대부분 3~5개 브랜드 정도에서 생각이 멈출 것이다. 이 중 햄버거를 먹으러 갈 가능성이 높은 곳은 제일 먼저 떠오른 맥도널드다. 근처에 그게 없으면 롯데리아로 갈 것이다. 보통 브랜드 인지도 순으로 떠오르게 된다. 그리고 이는 실제 시장점유율 순서와 유사하게 나타난다. 브랜드 인지도가 높아야 고객들에게 선택받을 확률이 높다. 인지도가 집객력에 필요한 이유이다. 가장 먼저 떠오르게 하는 것이 좋으나 그렇지 못하다면 최소 3~5개 정도 안에는 들어야 선택받을 가능성이 있다. 3대 떡볶이와 5대 짬뽕은 있어도 7대 짜장면이 없는 것은 그 때문이다.

인지도를 증대하기 위해서는 마케팅을 많이 해야 한다고 생각한다. 틀린 말은 아니지만 더 중요한 것은 콘셉트다. 마케팅을 하려고 해도 레스토랑 콘셉트를 바탕으로 커뮤니케이션 콘셉트를 뽑아내고 실행해야 하기 때문이다. 상기 햄버거 브랜드들의 공통점은 무엇일까? 햄버거 전문점이다. 치즈를 넣거나 패티를 두 개 넣는 등의 변화를 줘서 다양함을 주었지만 결국 햄버거 전문점이다. 처음 시작했을 때는 메뉴가 심플했을 것이다. 햄버거 단일 메뉴로 시작해서 글로벌 브랜드 자리까지 올라온 것이다. 전문점 콘셉트의 강력한 차별성과 필요성이 인지도 증대에 영향을 미친 것이다.

된장찌개, 김치찌개, 부대찌개, 제육볶음, 오징어볶음 등을 모두 파는 레스토랑과 된장찌개 하나만을 파는 레스토랑 중에서 어느 레스토랑이 더 기억에 남을 것인지 생각해보자. 인지도를 증대하기 위해서는 차별적인 메시지가 필요한데, 된장찌개 전문점이라는 콘셉트가 강력한 차별적인 메시지가 될 수 있다. 그것이 작은 레스토랑이 많은 메뉴들을 팔고 있는 경쟁 매장들 사이에서 자신을 도드라지게 만들어 기억나게 할 수 있는 전략이다. 동네에서 제일 먼저 생각나는 된장찌개 레스토랑이 되면 다른 동네에서도 소문 듣고 먹으러 오게 된다. 매일 된장찌개만 끓이니 집된장을 쓸 수 있고 재료들도 신선한 상태에서 제공할 수 있다.

▌ 우리 매장 하면 무엇이 떠오르는가?

우리 매장을 고객이 떠올리게 하기 위해서는 우리 매장에 대한 긍정적인 이미지들이 연상되게 해야 한다. 고객의 마음속에 호의적이고, 바로 연상되도록 강력해야 하고, 다른 곳과 다른 차별화된 이미지들이 연상돼야 한다. 우리 매장의 정체성을 표현하는 레스토랑이름, 로고, 슬로건, 색깔, 메뉴, 가격, 서비스, 유니폼, 인테리어 등이 이미지 형성에 영향을 미친다. 결국 매장에서 경험한 긍정적인 것들이 기억에 저장되고 떠올려지게 되는 것이다.

기본적으로 상품력에 하자가 없어야 한다. 맛있는 음식을 친절한 직원들의 서비스를 받으며 같이 방문한 사람들과 즐거운 시간을 보낸 경험이 호의적 감정으로 발전하고 기억되기 때문이다.

메뉴명도 매장의 정체성을 표현해 연상 이미지를 심어줄 수 있다. 스타벅스의 커피 사이즈를 알려주는 벤티, 그란데는 이탈리아

어다. 스타벅스의 하워드 슐츠가 이탈리아 밀라노의 에스프레소바에서 스타벅스의 영감을 얻었다는 스토리를 연상하게 된다. 또 이국적인 이미지도 자아내게 한다.

색깔을 통해서도 우리 매장을 떠올리게 할 수 있다. 일반적으로 감각기관 중에서 시각을 통해 정보의 80% 이상을 받아들인다고 한다. 색깔은 정보의 중심 역할을 한다. 스타벅스 하면 초록색이 떠오른다. 그래서 멀리서 초록색 간판이 보이면 스타벅스일 것 같다는 생각을 들게 한다. 초록색은 편안함과 안정을 상징한다. 제3의 공간을 지향하는 콘셉트와 어울리는 색깔이다.

이와 같은 유형적 장치 외에도 무형적 장치도 연상 이미지를 만들어낼 수 있다. 가령 인사 잘하는 매장, 항상 깨끗한 매장, 주인이 친절한 매장, 리필을 잘 해주는 매장 등이다. 경쟁 매장들이 잘하지 못하거나 하지 않고 있는 틈을 찾아 실행하면 집객력을 키울 수 있다.

▌잊혀지지 않게 하자

인지도가 없거나 연상 이미지가 떠오르지 않는다면 우리 매장은 고객들에게 잊혀질 가능성이 많다. 시간이 지날수록 우리 매장에 대한 기억의 감소는 더할 것이다. 이는 집객으로 이어지지 않게 하고 매출 감소로 이어진다. 어제 본 책의 내용도 기억 나지 않는 현실이다. 인간은 망각의 동물이라고도 하지 않는가.

반복적으로 노출될수록 호감도가 증가하는 반복노출 효과(Mere Exposure Effect)를 활용하는 것이 좋다. 소개팅 과정에서 흔히 오가는 이야기 중 하나가 '한번 만나보고 어떻게 아나, 세 번은 만나봐야지'라는 것이다. 많은 기업들이 인지도가 이미 확보된 브랜드임에도 광고홍보 예산을 투입하는 이유이기도 하다. SNS 마케팅을 하는 이유도 반복적으로 메시지를 전달함으로써 잊혀지지 않기 위해서다.

단지 한 번밖에 방문하지 않은 레스토랑인데도 꾸준히 소식을 전해오는 곳도 있다. 서울 이수역 근처에 있는 시스트로가 그렇다. 흥미를 끄는 행사 내용들이라 차단하지 않고 받아 보고 있다. 내가 활동하는 동선이 아니라 자주 갈 수는 없지만 이수역 근처에 약속이 있게 되면 시스트로를 선택할 것이다.

이러한 홍보는 카카오톡 플러스 친구라는 도구를 활용하면 고객 정보를 얻는 과정 없이 간단하게 할 수 있다. 중요한 것은 고객에게 도움이 되는 정보를 꾸준히 제공해야 하는 것이다. 반복노출 효과의 핵심은 꾸준함이다. 흔한 오류 중의 하나가 하다가 마는 것이다. 이벤트를 하다가 효과가 없다고 생각하면 흐지부지해지다가 결국 안 하게 된다. 이렇게 되면 오히려 부정적인 연상 이미지를 떠올리게 할 수 있다. 긍정적인 연상 이미지를 심어주기에도 바쁜데 부정적인 연상 이미지는 떠오르지 않도록 주의해야 한다. 방문 고객뿐만 아니라 그 주변 고객들에게까지 잊혀지게 된다.

이곳이 뭔지 한 번에
알아채게 하자

들어갈까 말까, 파사드의 첫인상

우리는 흔히 습관적으로 다니던 길을 간다. 오가는 길 양 옆에는 많은 매장들이 있다. 그중에는 1년이 지나도 미처 몰랐던 매장의 존재를 뒤늦게 아는 경우가 있다. 반대로 오픈한 지 얼마 되지 않았는데 매장의 존재를 알게 되는 경우도 있다.

매장은 그 자체로 커뮤니케이션 역할을 하는데, 더 중요한 것은 매장의 존재 인식을 넘어 매장에 들어오게 만들어야 한다. 이를 위해 매장 외관과 간판 등은 고객이 레스토랑을 파악하기 위한 정보를 제공해야 한다. 정보가 고객에게 이득이 된다면 당장은 아니더라도 다음에 방문해봐야겠다는 마음으로 기억장치에 저장된다.

가장 좋은 매장 외관은 매장 앞에 줄을 이은 고객들의 모습이다. 그러나 오픈하자마자 일어날 수 있는 일은 아니다. 당장 한 명의 고객이라도 들어갈지 말지를 망설이지 않게 들어올 수 있도록 접점을 설계해야 한다. 고객은 망설이면 다른 매장으로 갈 가능성이 높아지기 때문에, 본인에게 이득이 되는 곳임을 단번에 알도록 해야 한다.

많은 매장들 사이에서 우리 매장이 눈에 띄도록 가시성을 높여야 집객의 가능성이 높아진다. 입지 선정 이후에는 현재 매장 컨디션을 바탕으로 시선을 끌 수 있는 주목성이 높아지도록 접점을 설계해야 한다.

파사드는 얼굴(Face)과 겉모양(Appearance)의 합성어다. 즉 파사드는 사람의 얼굴처럼 매장의 얼굴이다. 우리는 사람의 얼굴을 보고 첫인상을 판단하는데, 그에 걸리는 시간은 1초도 채 안 된다고 한다. 마찬가지로 고객들은 매장의 얼굴, 즉 매장의 정면인 파사드를 보고 첫인상을 판단한다. 내가 갈 만한 곳인지, 호감이 가는지 등 방문 결정을 위한 판단을 하게 된다.

무엇보다 주변 매장들과의 틈바구니에서 눈에 띄도록 주목성을 높이는 것이 중요하다. 이는 시트지나 페인팅을 통해서도 표현할 수 있다. 색깔로 매장을 도드라지게 만드는 것이다.

로고나 캐릭터가 있는 매장이라면 이를 파사드에 반영해 직관적으로 고객들을 설득할 수 있다. 로고와 심벌을 잘 활용하는 대표적인 브랜드가 맥도널드다. 외식경영 전문가 백종원 대표의 브랜드들도 대표의 캐릭터를 파사드에 적극적으로 활용한다.

기존에 가지고 있는 외관의 특성과 개성이 주변 매장들과 다르고 콘셉트에 영향을 주지 않는다면 그대로 써도 된다. 기존 외관에 간판 디자인과 위치만 잘 선정하면 집객 효과를 볼 수 있다. 요즘 유행하는 뉴트로 느낌도 줄 수 있다.

간판은 이목구비

파사드가 얼굴 전체를 표현하는 이미지라면 간판은 이목구비다. 이목구비의 위치와 면적에 따라 얼굴이 달라 보이는 것처럼 간판의 위치와 사이즈에 따라 파사드가 달라져 보인다. 고객들은 파사드를 보고 첫인상을 확인한 뒤 이름, 즉 간판을 본다. 그럼으로써 고객은 대표 메뉴를 연상하고 매장이 무엇을 파는 곳인지 한눈에 파악한다. 이목구비가 뚜렷하면 고객의 탐색 시간을 줄여줄 수 있다.

간판을 뚜렷하게 하기 위해서는 네이밍, 디자인, 사이즈, 위치, 조명 등을 고려해야 한다. 기존 서체를 활용해 디자인하기도 하고 콘셉트에 맞는 서체를 디자인하기도 한다. 로고나 심벌을 추가해 주목성을 높일 수 있으나, 간판 크기에 제한이 있어 디자인할 때 고려해야 한다. 오히려 로고나 심벌이 작아져서 눈에 안 띌 수도 있다.

역으로 이목구비를 드러내지 않고 숨기거나 위치를 바꿔서 도드라지게 할 수도 있다. 흔히 하듯이 입구 정면 상부에 간판을 설치하지 않고 고객 시야와 수평이 되는 파사드 외벽에 설치하거나, 사이즈를 작게 해서 문패처럼 설치할 수 있다. 문패보다 더 작은 명함 사이즈로 하는 경우도 있다. 간판 없는 의외성으로 오히려 이름을 얻는 곳도 늘어나고 있다. 그러나 이는 상품력이 티가 나게 좋거나 타깃 고객이 명확할 때 가능하다. 이목구비의 역할을 하는 간판의 중요성을 간과한 채 관성적으로 기존 매장에 있던 간판의 위치에 달거나 간판 업체의 제안대로 진행하는 것은 주의해야 한다.

옥외광고물도 잘 활용하면 고객에게 필요한 정보를 제공할 수 있다. SNS도 중요한 커뮤니케이션 툴이지만 오프라인 툴을 최대한 활용하는 것이 우선이다. 특히 현수막은 오픈 전 공사 진행 중에 홍보할 때 활용해도 좋다.

공사를 하게 되면 한 달 정도 기간을 잡아야 한다. 계약 시에 공사 기간 중 월세는 면제라는 특약을 해놓지 않은 이상 영업도 하기 전에 월세가 나가게 된다. 월세가 안 나간다고 해도 매장이 일을 하게끔 만드는 것이 좋다. 현수막을 통해 어떤 매장이 언제 오픈해서 어떠한 편익을 제공하겠다고 홍보하는 것이다. 공사로 인해 탈부착을 반복해야 해서 번거로울 수 있지만 양해를 구하고 내거는 것이 좋다. 파사드와 간판이 해결하지 못하는 틈을 메우기 위해 창문에 POP를 붙이거나 배너를 매장 입구에 세우기도 한다.

이때 주의해야 할 것이 바로 옥외광고물법(옥외광고물 등의 관리와 옥외광고산업 진흥에 관한 법률)이다. 잘못하면 과태료를 물거나 철거해야 할 수도 있다. 간판뿐만 아니라 현수막, 입간판, 에어간판, 배너 등도 포함된다. 주로 주변인들의 민원에 의해 상황이 발생한다.

중요한 것은 매장이 고객들에게 전달하고자 하는 메시지가 언어로만 나열되는 것이 아니라 신뢰를 보여줘야 한다는 것이다. 가령 설렁탕집에서 '매일 가마솥에서 24시간 설렁탕을 끓입니다'라고 했는데 매장 어디에도 가마솥이 보이지 않는다면, 고객들은 직접 끓이는 것인지 아닌지 알 길이 없다. 가마솥이 주방 안에 있다면 사진을 찍어서 단서를 제공하면 된다. 로스팅 카페가 로스팅 기계를 테이블을 포기하더라도 눈에 잘 보이는 곳에 설치해서 시각과 후각을 자극하는 이유다.

집에서 경험하지 못한
분위기를 주자

'더현대 서울'이 고객을 사로잡은 이유

2021년 초 팬데믹으로 소비심리가 극도로 움츠러들던 시기에 여의도에 오픈한 '더현대 서울'은 많은 관심을 불러일으켰다. 결과는 폭발적이었다. 오픈 첫 주에만 150만 명, 열흘 만에 200만 명 이상을 집객하고 오픈 100일간 매출은 2,500억 원을 달성했다고 한다. 지금은 역대 백화점 중 가장 빠르게 매출 1조 클럽을 경신할 것이라는 전망이 나오고 있다.

언택트 문화의 확산으로 오프라인의 위기에 대한 담론이 양산되는 가운데 더현대 서울이 보여준 과정과 결과는 외식업에도 시사하는 바가 크다. 외식업도 HMR과 밀키트를 유통하는 온라인과 배달과의 경쟁에서 자유롭지 않기 때문이다. 더현대 서울의 집객력의 힘은 공간을 주로 꼽는다. 기존 백화점답지 않게 고객들이 편히 휴식하고 힐링할 수 있는 공간이 많다. 5층에는 실내 녹색공원이 조성

돼 있다. 12m 높이의 인공폭포도 있고 자연 채광도 느낄 수 있다. 눈 호강으로 탈일상적 경험을 체감할 수 있다. 역설적이지만 사람이 너무 많은 것 빼고는 놀기에 좋다고 느꼈다. 백화점이 놀기에 좋다고 생각한 것은 더현대 서울이 처음인 것 같다.

더현대 서울은 집객을 위한 영업 공간을 오히려 줄임으로써 집객력이 생겼다. 외식업으로 따지면 테이블을 줄인 것이다. 테이블을 줄이고 집객력을 키울 수 있을까? 더현대 서울이 영업 공간을 줄인 이유가 중요하듯 테이블을 줄이는 이유가 있다면 가능할 것이다. 본질은 공간을 줄이는 것이 아니다. 어떠한 경험과 편익을 제공할지를 생각해야 한다.

더현대 서울을 비롯한 백화점들은 일상에서 경험할 수 없는 것을 상품과 공간을 가지고 고객을 유혹한다. 규모를 떠나서 외식업에서도 집에서 경험하지 못하는 맛과 분위기로 탈일상적 경험을 제공해야 한다. 매일 집에서 먹는 것과 같은 음식과 그릇, 형광등 조명 아래에서 먹는 경험으로는 집객이 될 수 없다. 많은 돈을 들여서 인테리어를 해야 한다는 것이 아니라, 기존 백화점들이 가던 방향을 가지 않고 다른 방향으로 간 더현대 서울의 생각을 곱씹어봐야 한다는 것이다.

인스타그램, 음식 사진만 올리는 공간이 아니다

인스타그램에는 더현대 서울의 공간을 경험한 사진들이 많이 올라온다. 그만큼 더현대 서울은 인스타그래머블한 백화점이 됐다.

'인스타그램(Instagram)'과 '할 수 있는(Able)'의 합성어인 '인스타그래머블'이란 신조어는 외식업계에도 우선순위가 됐다. 특히 MZ세대를 타깃으로 하는 곳들은 인스타그램 유저가 좋아할 만한 독특하고 트렌디한 메뉴 콘셉트를 선보이고 있다.

그러나 인스타그램에 업로드되는 이미지들에는 음식 사진뿐만 아니라 공간 사진들도 많이 올라오고 있다. 네온사인, 조명, 식물 등 공간의 전체적인 분위기를 알 수 있는 사진은 물론이고, 구석구석에 있는 사소한 조형물이나 소품까지 공간을 구성하는 요소들이라면 모두 인스타그램에 올리는 재료가 된다. 유저들이 이렇게 다양한 이미지를 올리는 이유는 자신들이 경험하고 있는 레스토랑의 분위기를 최대한 가깝게 전달하기 위해서다. 이제 소비자들은 식당에서 맛뿐 아니라 분위기를 통해 느끼는 경험도 중요시하고, 또 이런 공간의 경험을 통해서도 자신을 표현하고 싶어 하기 때문이다.

따라서 MZ세대를 타깃 고객으로 하는 업장이라면 인테리어를 인스타그래머블한 콘텐츠를 만들기 위한 투자 개념으로도 접근할 필요도 있다. 인스타그래머블한 매장 자체가 집객의 이유가 되고 있으므로 인테리어 비용이 아니라 마케팅 비용으로 관점을 바꾸는 것이다. 이제 공간 분위기에도 그러한 속성이 필요해진 시대가 됐다.

공간을 결정하는 개성적 스토리와 분위기

공간을 통해서 고객의 개성을 표현해주기 위해서는 타깃 고객의 관심사를 반영해 인테리어 디자인 콘셉트를 결정해야 한다. 모던(Modern),

앤틱(Antique), 인더스트리얼(Industrial), 레트로(Retro) 등은 고객들이 꾸준히 선호하는 디자인 콘셉트다. 그러나 아무리 목표 고객이 선호하는 콘셉트라고 해도 주변 매장들이 동일한 콘셉트로 운영하고 있으면 피해야 한다. 인테리어 콘셉트도 차별성과 필요성이 충족되어야 한다.

자금에 여유가 없으면 파사드에 자금을 우선 배분하고 인테리어는 고객이 편리하게 이용할 수 있는 공간으로 방향을 잡고 자금 계획을 잡으면 된다. 레이아웃, 컬러, 그래픽, 마감재 등 모든 인테리어 요소에 투자하는 것이 아니라 포인트를 줄 수 있는 적재적소를 찾아 강조하는 것이다. 특히 조명과 소품에는 자금 투자와 아이디어가 필요하다. 인테리어 투자 비용 중에서 가성비 있는 투자 대상도 바로 조명과 소품이라고 생각한다. 조명으로 공간을 채울 수 있기 때문이다. 조명의 디자인, 색온도, 조도(밝기)에 따라 분위기가 변한다. 색온도가 낮은 조명은 사람들의 마음을 여유롭고 안정되게 한다. 그래서 카페나 레스토랑에서는 색온도가 낮은 조명을 많이 사용한다. 이런 곳에서 일탈적인 느낌을 가지게 되는 이유도 색온도가 낮은 조명 아래에 있기 때문이다.

조명은 음식을 맛있게 보이게 하기도 한다. 광원에 따라 물체의 색감에 영향을 주는 현상인 연색성에 따라 맛있게 보이게 할 수 있다. 연색성이 높은 조명은 햇빛처럼 자연스러운 느낌을 주고 음식의 식감을 살려준다. 그래서 음식이 놓이는 테이블 위에는 적당한 색온도와 연색성이 높은 조명을 사용하는 것이 좋다. 정육점에서 붉은 고기를 더 신선하고 맛있게 보이기 위해서 붉은 조명을 사용하는 이유도 여기에 있다. 색온도는 메뉴에 따라 다르게 사용해야 한다. 생선회 같은 경우는 색온도가 높은 것이 좋고 스테이크, 피자처럼 갈색을 띠는 음식은 색온도가 낮은 것이 좋다.

자신이 좋아하는 소품이나 스토리가 있는 소품으로 개성을 표현해 인테리어에 포인트를 줄 수 있다. 자신과 개성이 비슷한 고객들은 그런 소품에 심적인 편안함을 얻기도 한다. 고객들과 자연스럽게 이야기를 풀어나갈 수 있는 매개체 역할을 하기도 한다. 개인의 취미와 관련된 피규어, 식물, 그림, 액자, 사진, DIY 가구 등과 같은 소품들도 좋다. 그릇, 조리기구, 옛날 사진 등과 같은 레스토랑 콘셉트나 스토리가 있는 소품들도 좋다.

소품은 고정된 것이 아니라 주기적으로 변화를 줄 수도 있다. 그래서 인테리어 리뉴얼을 하지 않고도 기존의 지루함을 벗어나 탈일상적인 분위기를 연출할 수 있다. 할로윈, 크리스마스, 계절 소품 등으로 다른 개성을 표현할 수 있다. 여기에 적합한 조명을 더하면 365일 개성 있는 공간을 연출할 수 있다.

고객의 마음을 사로잡을 탈일상적인 경험

음식의 맛에 대한 만족도는 미각과 같은 감각이 아니라 뇌에서 결정된다. 미국 컬럼비아대 찰스 주커 교수 연구팀은 맛의 정체성을 판단하고 그 가치를 판단하는 건 혀가 아니라 우리 뇌의 '편도체'라는 연구결과를 발표했다. 그리고 편도체는 맛을 판단할 뿐 아니라 음식을 먹을 때의 상황이나 감정까지도 평가를 한다고 연구팀은

밝혔다.

편도체는 뇌의 안쪽 깊숙이 있으며 정서적 정보를 처리하는 데 핵심적인 역할을 한다. 즉 레스토랑의 분위기가 자신의 개성과 잘 맞고 인스타그램에 올려서 자신을 표현할 수 있으면, 맛에 정서적 반응인 만족도와 선호도는 더 높아질 수 있는 것이다. 이는 레스토랑이 단순히 고객들의 배고픔을 해결하는 것이 아니라 자기를 표현하고 싶은 목마름을 해결해줘야 한다는 의미다.

조명과 소품을 인테리어 포인트로 활용하면 작은 매장도 집에서 경험할 수 없는 분위기를 제공할 수 있다. 그리고 여기에 본인의 개성을 투자하면 그 효과는 배가 되어 고객과 자연스럽게 대화를 이어갈 수 있게 된다. 고객과의 교감까지 이루어지면 '나만의 공간', '나만의 아지트'로 사랑받을 수 있다. 이런 관계로 매장과 고객이 확장되면 고객은 자신의 개성을 표현할 수 있는 나만의 아지트를 인스타그램에 자연스럽게 올린다. '좋아요' 숫자가 늘어나면 매장에 대한 호감은 더욱 높아지고 집객의 동력이 활발하게 움직이게 된다.

고객의 눈, 코, 귀를
자극하자

북극을 탐험하면서 먹는 눈꽃빙수의 맛은?

넓고 넓은 바다 한가운데 거친 파도가 치는 곳에서 참치 요리를 먹는다면 어떤 기분이 들까? 이런 기분을 느낄 수 있는 경험을 제공하는 레스토랑이 있다. 중국 상하이에 있는 '울트라바이올렛'이란 레스토랑이다. 이곳은 식사를 하는 동안 착시를 활용한 홀로그램이 벽을 가득 메우고 프로젝션 매핑(빛으로 이루어진 영상을 투사해 현실에 존재하는 대상이 다른 성격을 가진 것처럼 보이게 하는 기술) 기술로 테이블에 생동감 있는 3D 영상을 투사한다. 음식이 나올 때마다 관련된 스토리가 영상으로 보이며 바람, 빛, 향기, 음악 등으로 오감을 풍부하게 자극한다고 한다.

이곳에서 눈꽃빙수가 메뉴로 나오면 눈보라를 헤치며 북극 한가운데에서 보석 같은 얼음을 채취해 먹는 스토리 영상이 나올 것 같다. 마치 북극 탐험가가 되어 모진 고생 끝에 최고의 눈꽃빙수로 위로받는 스토리 말이다.

울트라바이올렛은 맛은 인지적 과정이라는 것을 연구실이 아니라 현장에서 보여주었다. 그들처럼 맛의 인식에 영향을 미치는 모든 영향 요인을 통제할 수는 없다. 그러나 오감을 자극해 탈일상적 경험을 제공하는 것이 가치 있는 시도라는 것을 확인한 것만도 수확이다. 많은 브랜드들이 오감 마케팅을 지속적으로 진행해오고 있는 이유이기도 하다. 품질의 차이가 줄어들면서 오감 마케팅을 통한 차별화된 경험을 제공해 호감을 얻어야 하기 때문이다. 외식업은 생산과 소비가 현장에서 동시에 발생되기 때문에 오감 마케팅을 실행하기에 적합하다. 울트라바이올렛처럼 첨단기술을 사용하지 않아도 오감을 자극해 고객의 마음을 사로잡을 수 있다.

유니폼은 단순한 '복장'에 불과한 게 아니다

상품력, 파사드 그리고 인테리어 등을 통한 시각의 중요성은 앞에서 언급한 것처럼 고객의 마음을 끄는 데 매우 핵심이 되는 요소다. 그러나 이것 말고도 외식업에서는 시각을 자극해 고객의 마음을 터치할 수 있는 요소들이 있다. 가장 기본적인 것은 직원들의 용모 단정한 모습이다. 여기에는 개인위생, 유니폼 등이 포함된다. 고객은 직원들의 단정하고 깔끔한 용모를 보고 매장의 수준을 가늠한다. 특히 유니폼의 역할은 매우 각별하다.

유니폼은 그 자체로 매장의 얼굴이 된다. 유니폼을 통해 레스토랑의 콘셉트를 표현할 수 있고, 고객을 서브하기 위한 준비가 얼마나 잘됐는지를 상징적으로 전달할 수 있다. 가장 기억에 남는 유니폼은 그로서란트(Grocerant: Grocery와 Restaurant의 합성어로 음식을 먹는 식당과 식품을 파는 가게가 합쳐진 복합 식품매장)의 원조라고 할 수 있는 유럽풍 마켓 레스토랑 '마르쉐'의 유니폼이다. 손님을 안내하는 직원들의 유니폼은 알프스 소녀 하이디 콘셉트의 스위스 전통의상이었다. 유럽의 시장에 온 듯한 느낌을 주기에 충분했다. 일부 고객들은 그 유니폼을 구매할 수 없냐고 문의를 하곤 했다. 마르쉐에 근무하면서 유니폼이 브랜드 구성 요소로서 브랜드 인지도와 연상 이미지에 영향을 미친다는 것을 체감할 수 있었다.

유니폼의 청결 상태로 매장의 위생 청결 상태를 판단하기도 한다. 그럼에도 불구하고 유니폼 착용이 잘 지켜지지 않는 곳이 많다. 앞치마만 벗으면 고객인지 직원인지 분간이 안 가는 곳도 더러 있다. 유니폼 착용과 관리가 잘 지켜지지 않는 것은 불편함 때문인 경우가 가장 크다. 매장 콘셉트에 맞는 유니폼을 제작하거나 구매를 하다 보니 실용성을 놓치는 경우다. 땀이 제대로 배출되지 않거나 오염이 쉽게 되는 경우, 움직이는 데 불편한 경우가 실용성을 놓치는 대표적인 사례. 사장 입장에서는 직원들 사이즈별로 구매해야 되니 비용 부담이 원인이 되기도 한다.

그런데 이는 입는 옷에 따라 마음가짐이 달라지는 제복 효과를 간과한 것이다. 마음가짐은 태도에서 나온다. 그리고 태도는 제대로 갖춰진 복장에서 출발한다. 유니폼을 통해 전문성, 책임감, 신뢰, 재미 등의 이미지를 고객들에게 전달해줄 수 있다. 유니폼에 더해 용모까지 단정함을 유지하면 경쟁력이 된다. 고객들의 호감을 축적할 수 있다. 작은 레스토랑일수록 주인장의 이미지가 레스토랑의 이미지를 대변할 수 있다. 이미지 메이킹적인 접근이 필요하다. 매너, 표정 등을 매력적으로 가꾸어가는 것을 습관화해야 한다.

포장 패키지는 매장의 '프리미엄 콘셉트'

고객의 시각을 자극하는 데 활용할 수 있는 또 하나의 방법은 포장 패키지다. 외식업 매장은 배달을 하지 않더라도 포장주문 고객이나 남은 음식을 포장하는 경우가 많아 대부분의 업체에서 포장 패키지를 사용한다. 이때 대부분은 정형화된 기성 제품을 사용한다. 자체 제작하려면 디자인도 필요하고 비용도 많이 들기 때문이다. 제작 수량이 많아지면 단가를 낮출 수도 있지만 보관할 곳도 마땅하지 않아 기성 제품을 결국 사용한다.

내가 운영하는 샐러드 & 롤 전문 브랜드에서는 포장 패키지를 제작해서 사용하고 있는데 사실 비용 부담이 된다. 그러나 포장 패키지는 최전방에서 프리미엄 콘셉트를 표현하는 임무를 수행하고 있어서 포기할 수가 없다. 마케팅 비용이라고 생각하고, 다른 데서 비용을 줄일 수 있는 방법을 찾고 있다.

음식물을 담는 포장용기는 저장성과 보관성이 중요하기 때문에 기능적인 디자인이 우선시되어야 한다. 한편 쇼핑백은 감성적인 디자인이 우선되어야 한다. 쇼핑백이 고객들의 욕구를 충족시켜주거나 자신을 표현하는 상징으로도 사용되기 때문이다. 명품 쇼핑백이 중고시장에서 거래되고 있는 이유다. 우리 매장의 쇼핑백이 중고시장에서 거래되지는 않더라도 매장을 떠나서도 일을 할 수 있도록 해야 한다. 걸어 다니는 광고판 일을 맡겨야 한다. 이를 위해 고객이 기꺼이 재활용해 들고 다닐 수 있도록 디자인해야 한다.

동네장사 하는데 그렇게까지 할 필요 있을까 하는 생각이 들 수도 있다. 옆집과 앞집 사장님도 같은 생각을 가지고 있을 수 있다. 그럴수록 고객들에게 의외성을 줘서 우리 매장을 생각나게 해야 한다. 20대 초반 때 부산 남포동에서 노점상을 한 적이 있다. 카세트테이프를 팔았는데, 길거리에서도 경쟁이 심했다. 나는 후발주자였기 때문에 다름이 필요했다. 그래서 시작한 것이 포장이었다. 테이프 낱개를 구매하는 고객에게는 이쁜 종이로 포장해서 제공했고, 두 개 이상 구매하는 경우에는 캐릭터가 그려진 봉투에 담아 제공했다. 길거리에서 장사하는 사람이 포장을 해주는 의외의 모습에 고객들은 신선해하고 좋아했다. 포장으로 단골을 확보하며 집객력을 키울 수 있었다.

상황이나 처지를 핑계로 실행으로 옮기지 않으면 아무것도 변하는 것이 없다. 오히려 상황이 나빠질 뿐이다. 눈에 보이지는 않는 마케팅에 고민하지 말고 눈에 보이는 것부터 해보자.

▍퍼포먼스, '살아 있네'

퍼포먼스를 보여주는 것도 고객의 시각을 끌어모으는 방법이다. 메뉴나 서비스에 대한 철학이나 고객 편익을 행위예술처럼 보여주는 것이다. 요리 중인 음식에 술을 부어 큰 불을 일으키고 알코올을 날려버리는 요리 기술인 '플람베'가 대표적인 방법이다. '불쇼'라고 하는 이 방법은 곱창이나 철판요리 전문점 등에서도 활용하고 있다. 재미와 맛에 대한 고객의 기대를 높인다. 내가 운영하는 철판볶음밥 브랜드 매장에서도 '불쇼'를 하고 싶었으나 입점한 곳이 백화점이라 안전상 문제로 활용하지 못하고 있어 아쉽다. 어느 고깃집에서는 마무리로 볶음밥을 해서 김밥처럼 말아서 잘라주는 퍼포먼스를 보여주었는데 인상적이었다. 볶음밥을 먹을 때는 그 집이 떠오르곤 한다.

카페에서도 퍼포먼스가 가능하다. 후쿠오카 출장 중에 들른 카페에서 핸드드립 커피를 주문했는데 제공하는 과정이 남달랐다. 원두를 고르고 나면 원두를 바로 분쇄하지 않았다. 원두에서 품질이 떨어지는 결점두를 고르고 난 후 분쇄를 했다. 그리고 까다로운 융드립(필터에 종이가 아닌 융을 씌워 내려주는 커피. 커피가 천을 통과하는 것이므로 부드럽고 진한 맛이 특징이다)으로 커피를 내리고 따뜻한 커피 잔과 접시에 담아 내오는 전체 과정에서 커피를 대하는 바리스타의 철학이 느껴졌다. 도쿄에서 커피 관련 일을 하다가 고향인 후쿠오카에 와서 일하고 있다는 할아버지 바리스타였는데, 창직에 대한 영감을 받을 수 있었다.

이처럼 요리 과정이나 서브 과정, 먹는 방법에서 한 과정을 끄집어내어 퍼포먼스로 만들어볼 수 있다. 외국인들은 우리가 쌈 싸 먹는 행동이나 폭탄주 자체도 이색적인 퍼포먼스라고 생각한다. 당연하다고 생각하는 것들이 관점에 따라 새롭게 보일 수 있다. 셰프의 소금 뿌리는 행위도 퍼포먼스로 회자되는 시대다. 샐러드 & 롤 브랜드를 오픈할 때 퍼포먼스를 고민했다. 채소를 가지고 무슨 퍼포먼스를 하느냐는 내부의 반응을 뒤로하고 '난타'의 칼질에 힌트를 얻었다. 샐러드 채소를 반달 모양의 칼로 잘게 썰어서 믹싱볼에 담아 드레싱을 섞어주는 퍼포먼스였다. 신선함을 보여주고 채소를 맛있고 편리하게 먹을 수 있는 법을 제안하기 위해 하고 있는데, 아직 고객의 눈길을 사로잡지는 못하고 있어 개선의 방법을 찾고 있다.

▌오랫동안 생각나게 하는 것은 '냄새'

길을 가다 돼지곱창 매장에서 나오는 냄새를 맡으면 고등학교 때 추억이 떠오르고는 한다. 야간자습을 마치고 집으로 가는 길에 만나게 되는 돼지곱창집이 있었다. 지나갈 때마다 연탄불에 곱창 익는 냄새가 무자비하게 흘러나왔다. 후드 없이 영업하던 집이라 문을 모두 개방한 탓이다. 너무 냄새가 강렬해서 졸업하고 가야 할 곳 1순위로 꼽았다.

그런데 나만 그런 생각을 가진 것이 아니었다. 다른 고등학교 다니던 동네 친구들도 같은 생각을 하고 있었다. 결국 우리는 의기투합해 냄새를 정복하러 갔다. 그런데 냄새에 비해 맛은 그렇게 뛰어나지 않았다. 서로 '이게 뭐지?' 하며 투덜거리며 한바탕 웃었던 적이 있다. 돼지곱창 냄새를 맡으면 그때 기억이 아직도 떠오른다. 이와 같이 냄새가 기억을 이끌어내는 것을 프루스트(Proust) 효과라고 한다. 냄새가 감정과 추억을 자극한다는 연구 결과들이 이를 뒷받침하고 있다. 시각, 청각 정보는 단기기억이지만 후각은 장기기억이라고 한다. 그래서 후각을 활용해 브랜드를 오랫동안 생각나게 하려는 마케팅들이 여러 산업에서 이루어지고 있다.

외식업은 타 산업과 달리 별도로 인공적인 향기를 뿜어내지 않아도 맛있는 음식 냄새로 고객을 유혹할 수 있다. 빵 굽는 냄새, 커피 원두가 그라인더에서 분쇄되면서 풍기는 냄새, 고기 굽는 냄새 등은 매장 앞을 지나가는 고객들의 발걸음을 멈추게 한다. 메가 커피를 지나갈 때는 항상 커피 원두 가는 향이 품어져 나와 기분을 좋게 한다. 파사드에 테이크아웃을 위한 창을 냈는데 커피 바와 연결되어 있어서 커피 냄새를 밖으로 내보낸다. 냄새가 좋아서 저가 커피지만 품질에 의심하지 않게 하는 장점도 있다. 압력튀김기에서 나오는 맛있는 치킨 냄새를 풍기기 위해 주방을 도로 쪽에 배치해 고객을 집객한 둘둘치킨의 성공 사례도 있다.

단, 외식업에서는 불쾌한 냄새가 나지 않도록 주의해야 한다. 특히 내부에 화장실이 있는 경우는 좋은 냄새가 나도록 관리해야 한다. 좋았던 식사 경험이 한 번에 사라질 수 있다. 음식물 쓰레기통, 테이블, 행주 등은 조금만 신경을 덜 써도 불쾌한 냄새를 줄 수 있고 비위생적인 인상을 줄 수 있다. 그리고 나쁜 냄새로 인해 매장에 대한 좋지 않은 인상이 오랫동안 장기기억에 머물러 있어 집객력을 떨어뜨린다.

눈에 보이는 것만 챙기지 말고 우리 매장만의 향을 고객에게 각인시켜 기억에 오래 머물도록 하는 것이 필요하다. 그러고 보니 밥 짓는 냄새를 제대로 맡아본 지가 오래된 것 같다. 어릴 때 동네 친구들과 신나게 놀다 보면 해가 질 즈음 온 동네에 저녁밥 짓는 냄새가 가득했다. 세상 고소했던 참기름 냄새도 그리워진다. 밥을 온장고에서 탈출시키고 갓 지은 밥의 달보드레한 냄새를 맡게 해자. 참기름도 고객 앞에서 직접 뿌려 신선한 고소함을 맡게 해주자. 우리 매장을 그리워하게 될 것이다.

음악으로 이성을 무장해제 시키자

장수 브랜드는 자기만의 소리를 가지고 있다. 새우깡, 부라보콘, 맛동산, 너구리, 짜파게티 등은 광고 속에 사용되는 짧은 노래(CM송)나 선율을 의미하는 '징글(Jingle)'들을 가지고 있다. 장수 브랜드들은 CM송과 징글을 이용해 브랜드를 떠올리게 하고 구매 욕구를 자극한다. 소리로서의 음악이 브랜드 아이덴티티를 구성하는 중요한 요소가 되는 것이다. 징글은 대부분 TV 광고와 같은 매스미디어 광고를 중심으로 고객들에게 전달되기 때문에 외식업 영역은 아니다.

그러나 매장 안팎으로 음악을 통해 고객의 감성적 마인드에 호소해 집객을 유도하거나 매출에 영향을 줄 수 있다. 관련된 많은 실험들의 연구결과가 이를 뒷받침한다. 클래식 음악을 들으면 매출이 증가하고 빠른 음악을 들으면 더 빨리 먹고 마신다는 것이다. 또한 음악이 맛에도 영향을 미친다고 한다. 좋아하는 음악이 나오면 젤라토의 단맛을 강화하고 싫어하는 음악은 쓴맛을 강화한다고 하다.

그러한 연구결과에 공감이 가는 것이 음악에 이성을 무장해제당한 경험이 있기 때문이다. 독일 뮌헨에서 열리는 옥터버페스트를 벤치마킹 하러 갔을 때다. 옥터버페스트는 매년 9월 말부터 10월

초까지 열리는 맥주축제로 1810년에 시작되어 매년 600만 명 이상이 찾는 세계적인 축제로 이어져 내려오고 있다. 축제가 열리는 공원에는 뮌헨 소재 맥주 양조장들의 대형 비어 텐트가 있다. 비어 텐트의 중앙 무대에는 밴드가 자리 잡고 전통 축제 음악과 유행하는 팝음악을 연주한다. 그리고 틈틈이 건배를 위한 노래를 부르며 건배를 제안한다. 당시 나는 출장이라 최대한 자제를 하면서 벤치마킹에 충실하고자 했으나 신나는 음악을 듣다 보니 저도 모르게 건배를 따라 하게 됐다. 밴드의 음악에 의해 과잉 활성화됐기 때문이다. 나만이 아니라 축제를 찾는 수백만 명의 사람들이 과잉 활성화된다. 축제라는 특수한 상황도 있지만 음악이 없었다면 이성을 지킬 수 있었을 것이다.

새마을식당은 콘셉트, 네이밍과 식당 이름이 곧바로 연결되도록 '새마을 노래', '국민체조' 구령 소리 등을 외부 스피커를 통해 들려주고 브랜드를 표현했다. 이런 소리가 지나가는 잠재고객들의 관심을 끌어 집객을 유도하는 효과도 거두었다. 스타벅스는 미국 본사에서 선곡한 음악만 매장 내에서 재생하는데 이 역시 브랜드 정체성을 유지하기 위해서다.

서울 사당역에 있는 이자카야 모가미는 이자카야 콘셉트에 맞게 일본 음악을 들려준다. 다른 점은 이자카야라서 일본 음악을 들려주는 것이 아니다. 일본에서 인테리어 공부를 하고 직장생활을 하다가 온 주인장이 직접 큐레이션해서 매장에 맞는 일본 음악을 들려준다는 것이다. 음악에 상당한 자부심이 있으며 본인이 직접 인테리어한 분위기를 돋보이게 한다. 프랑스 음악은 프랑스 포도주를 사도록 유도한다는 연구결과와 같이 모가미의 일본 음악은 사케 판매율을 높이고 있다. 그가 큐레이션한 음악은 팬데믹에 따른 영업시간 제한에도 살아남은 비결 중의 하나다.

음악 외에도 고객들의 감성을 자극할 수 있는 맛있는 소리들이 있다. 경쾌한 도마 칼질 소리, 찌개가 보글보글 끓는 소리, 팬에 요리를 볶는 소리, 지글지글 고기를 굽는 소리 등이다. 작은 레스토랑에서는 이러한 소리를 가지고도 고객들의 감성을 터치할 수 있다. 반대로 주의해야 될 소리들도 있다. 설거지하면서 그릇이 떨어지거나 부딪치는 소리, 직원들을 혼내는 소리, 전자레인지 소리, 돈가스고기 두드리는 소리 등 소음에 가까운 소리들이다.

음식과 관련된 소리 중에서 가장 기억에 남는 것은 뻥튀기 소리다. 들어본 적도 없는 대포 소리처럼 무서워서 귀를 막고 들어야 했던 소리, 뻥 소리 이후에 먹을 수 있는 따뜻한 튀밥은 무서움에 맞서 쟁취한 전리품과 같은 것이었다. 소음과 같은 소리이지만 감성이 더해져 다시 듣고 싶고 설레임을 주는 소리가 된 것이다.

음악과 소리는 우리의 마음 깊은 곳의 감성을 깨우고 위로를 주기도 하고 즐거움을 주기도 한다. 매장에서 경험한 음악과 소리를 고객들이 인스타그램에 올릴 수는 없다. 그러나 고객들의 기억저장고에는 올려져 우리 매장을 떠올리게 할 수 있다. 부작용 없는 약물이라고 하는 음악으로 고객의 마음을 사로잡을 수 있다. 여기에 시각, 미각, 후각 등 오감이 충족되면 행복의 수준은 높아지게 된다. 행복을 줄 수 있는 레스토랑은 집객력이 강하다.

접객에 집중하면
집객이 된다

| 부대찌개 전문점 대신 즉석떡볶이 전문점을 가는 이유

점심을 먹기 위해 사무실 근처를 한 바퀴 돌다가 40년 전통 부대찌개 전문점이 눈에 띄어 들어갔다. 40년 전통의 포스를 풍기는 파사드가 아니어서 다른 데서 하다가 왔을 것이라 지레짐작하고 들어가보았다. 부대전골이라는 메뉴가 있어서 3인분을 주문했다. 일행이 4명이었는데 3인분을 주문하고 사리를 여러 가지 추가해서 먹을 요량이었다. 그러나 인원수대로 주문해야 된다고 해서 4인분을 주문했다. 있으나 마나 한 어묵 반찬과 중국산 김치가 곁들여져 나왔다.

며칠 후 점심을 위해 들른 곳은 즉석떡볶이 전문점이었다. 이번에도 일행이 4명이었는데, 3인분을 주문했다. 인원수대로 주문해야 된다는 원칙은 없었다. 먹고 싶은 사리를 추가 주문했다. 계산할 때 보니 4인분 주문한 것보다 금액이 더 많이 나왔다. 각자 원하는 사리를 다 넣었기 때문이다.

 나뿐 아니라 일행들 모두 향후 재방문 의사가 많은 곳은 떡볶이 전문점이었다. 맛은 그렇게 뛰어나지는 않았으나 인원수대로 시키는 대신 좋아하는 사리를 많이 넣어 먹을 수 있기 때문이다. 부대찌개 전문점은 인원수대로 주문해야 하는 원칙을 고수하는 고집에 비해 맛에 대한 고집은 부족했다. 4명의 고객을 확보할 기회를 놓친 것이다.

 부대찌개 전문점의 패착은 사실 '맛'에 있지 않았다. 그보다 감성이 아닌 이성적으로 판단하게 한 주문 방식에 원인이 있었다. 인원수대로 주문하게 만드는 것을 중요하게 생각할 것이 아니라 제발로 걸어 들어온 고객에게 먼저 감사하는 마음을 중요하게 생각했어야 했다. 고객을 어떻게 오게 할 것인가라는 집객(集客)도 중요하지만 가게 문을 나설 때 어떤 마음으로 돌아가게 할 것인가에 대한 접객(接客)이 더 중요하다. 주문을 받고 주문한 음식을 테이블로 가져다주는 것이 서비스의 끝이 아니라 고객이 대접을 받은 느낌이 들도록 해야 한다. 접객에 집중해서 다시 오고 싶어 하는 마음을 가지고 돌아가게 하면 집객은 저절로 된다.

모방하기 어려운 접객 서비스로 차별화하자

 외식업은 모방이 용이하다. 100%까지는 아니더라도 유사하게 만들어낼 수 있다. 메뉴, 인테리어, 가격 등 핵심 상품들은 배타적인 권리를 행사하기 힘들고 누구나 구할 수 있는 소재로 만들기 때문이다. 과거 찜닭, 불닭 등을 시작으로 현재 로제 떡볶이, 흑당 밀크티 등에 이르기까지 수많은 아이템들이 모방이 되어왔고 반짝 아이템으로 전락하는 원인이 되고 있다.

그러나 접객 서비스는 쉽게 모방하기 어렵다. 사람이 해야 하기 때문이다. 사람의 언어, 표정, 태도, 마음가짐 등은 모방할 수 없다. 서비스 매뉴얼을 통해 획일화된 접객 서비스를 제공하는 것은 가능하지만 진정성을 담기는 힘들다. 작은 레스토랑은 접객 서비스에 진정성을 담아 차별화해 고객을 다시 오고 싶어 하게 할 수 있다. 업주 본인이 서비스의 기준이 되는 것이다. 밝은 표정과 친절한 주인이 보여주는 접객 서비스는 따라 할 수 없다. 사람의 성격이 다르듯이 태도, 말투 등도 다르기 때문이다. 접객 서비스로 개성 있고 매력 있는 매장이 될 수 있는 이유다.

서비스는 편안하고 기분 좋게 하는 친절이 본질이다. 이를 표정으로 보여줄 수 있고, 말이나 행동으로서 표현할 수 있다. 메뉴 개발이나 인테리어를 개선하는 것보다 어려운 것들이 아니다. 매장 콘셉트, 경쟁사 서비스 상태를 고려해 본인에게 적합한 친절을 보여주면 된다. 밝은 표정에 자신 있으면 그것으로 차별화하면 된다. 말솜씨가 있으면 그것으로 고객들에게 친절을 보여주면 된다. 마음가짐을 보여주는 것이 중요하다. 단, 주요 방문 고객이 무엇을 좋아하고 싫어하는지 확인하자. 그 결과에 따라 하기만 하면 된다. 과잉 친절을 부담스러워할 수도 있고 좋아할 수도 있기 때문이다. 친절이 내 몸과 한 몸이 된 듯한 서비스를 보여줄 수 있다면 그 무엇보다 강력한 집객의 무기가 될 것이다.

▌보이지 않는 서비스를 눈에 보이게 하자

서비스를 중식당의 군만두처럼 '덤'으로 비용 없이 제공하거나 제공받는 것으로 생각하는 경우가 많다. 그러나 이렇게 상품처럼 정형화된 '덤'은 다른 곳에서도 똑같은 덤을 제공하기 때문에 고마움을 느끼지 못한다. 마음이 담기지 않은 덤은 기억에 남지 않는다. 그러나 앞서 언급한 젊은 카페 사장도 결과적으로는 덤을 제공한 것이지만, 다른 점은 고객의 문제를 해결해주고 싶은 마음도 함께 제공한 것이다. 더 중요한 것은 그 마음은 눈에 보이지 않는 것인데, 말 한마디를 통해 마음을 보이게 해주었다.

서비스는 무형적이라고 하지만 말이나 글을 통해 보여줄 수 있다. 특히 말은 고객과 대면하는 외식업에서는 서비스를 보여줄 수 있는 강력한 무기다. '말 한마디로 천냥 빚을 갚는다'고 했다. 말 한마디로 판을 바꿀 수 있음을 일컬어 말의 중요성을 강조한 말이다. 다르게 생각하면 적절하지 않은 말 한마디는 천냥 빚을 질 수도 있는 것이다.

하루에 얼마나 많은 칭찬을 받으며 살고 있는가? 아니면 얼마나 많은 칭찬을 하는가? 칭찬을 수요와 공급 측면에서 살펴보면 공급보다 수요가 많지 않을까? 그러면 칭찬을 해주는 사람의 가치는 높아질 수 있다는 의미다. 고객에게 칭찬을 해주는 매장은 차별화될 수 있는 것이다. 나는 주로 아이를 동반한 테이블에 '아이가 참 얌전하게 식사를 잘하네요'와 같은 작은 칭찬을 활용했다. 아이를 동반한 테이블은 객단가도 낮고 까다로운 요청 사항들도 있다. 이에 작은 칭찬을 통해 칭찬 내용에 부합되게 행동하려고 노력하는 경향을 보이게 되는 피그말리온 효과를 노린 것이다.

아이를 칭찬해주면 부모들의 마음이 일단 말랑말랑해진다. 추가 주문이 나오기도 하고 까다로운 요청도 덜하게 된다. 아이가 얌전하게 밥 먹는 것에 주의를 기울이는 경향도 높아진다. 아이가 밥 먹는 게 시원치 않아 보이면 김을 슬쩍 가져다주는 것도 좋다. 김을 아이 입 크기에 맞게 잘라서 가져다주면 더욱 효과가 있다. 아이를 배려하는 마음을 보여줄 수 있다.

접객의 디테일을 챙기자

디테일은 외식업에서도 승리를 위해 중요하다. 집객으로 이어지는 접객의 디테일은 서비스 프로세스, 고객의 시간관리, 고객관리 등에서 찾아볼 수 있다.

우선 서비스 프로세스를 변경하는 방법이다. 상차림을 구성할 때 한 번에 모두 내지 않고 특정 반찬은 나중에 제공하는 것이다. 가령 달걀프라이를 식사 도중에 제공하면 레스토랑 입장에서는 원래 계획된 상차림이지만 고객 입장에서는 덤으로 받는 것 같다. 이때 '방금해서 따뜻하다'라는 멘트와 더 필요한 것이 없는지 챙기면 더욱 좋다. 추가로 테이블을 한 번 더 방문해야 되지만 투자 대비 효과가 크다.

둘째, 어차피 할 거면 미리 해서 인심을 얻는 것이 낫다. 고객이 요청하기 전에 먼저 가서 문제를 해결해주는 것이다. 찬이 떨어지면 미리 리필해주거나 젓가락을 떨어뜨리면 바로 가져다주는 것이다. 애프터 서비스(After Service)보다 비포 서비스(Before Service)가 접객인 것이다. 어차피 찬은 가져다줘야 한다. 비포 서비스를 하는 것이 고객도 배려받는 느낌을 받아서 좋고 자신도 자주적인 마인드가 발전해서 좋다. 셀프서비스라고 하더라도 바쁘지 않은 상황이면 비포 서비스를 하자. 이런 작은 디테일이 재방문의 동인이 될 수 있다.

셋째, 고객의 시간도 소중히 생각해야 한다. 영업시간은 짧게 하든 길게 하든 지켜야 한다. 내가 늦게 문을 열거나 일찍 문을 닫아서 돌아간 고객들의 낭비한 시간을 보상할 길이 없다. 다시 오지 않을 수도 있기 때문이다. 피치 못할 사정이 있으면 진솔하게 메모를 남겨놓는 것이 좋다. 주문 후 음식이 나오는 시간이 길어질 경우에는 사전에 양해를 구하고 식전에 간단히 먹을 수 있는 것을 제공해 오래 기다리지 않게끔 느끼게 하는 것이 좋다. 돌솥밥 콘셉트의 한식당을 한 적이 있는데, 밥이 완성되는 데 15분 걸렸다. 주문이 밀리면 대기시간이 더 길어지게 되어 고객 불만이 발생했다. 대기시간을 길지 않게 체감하도록 주전부리를 제공했더니 효과가 있었다.

넷째, 이름을 기억하는 노력과 불러주는 마음은 고객과의 관계를 긴밀하게 한다. '그의 이름을 불러주었을 때 그는 나에게로 와서 꽃이 됐다'는 김춘수 시인의 시구처럼 이름을 불러주면 존재감을 느끼게 한다. 오고 가는 많은 고객이 아니라 소중한 고객으로 느끼게 되는 것이다. 이름을 불러준 매장도 소중한 매장이 된다. 서로가 잊을 수 없는 관계가 되는 것이다.

'오픈'보다 어려운 '유지', 브랜딩이 답

사실 오픈은 누구나 할 수 있다. 그러나 오래 할 수 있는 것은 누구나 할 수 없다. 준비가 되어 있거나 확실한 무기가 없으면 유지하는 것이 힘들다. 오랫동안 고객을 유지하고 집객할 수 있는 방법은 브랜드가 되는 것이다. 브랜드를 만들어가는 과정이라고 할 수 있는 브랜딩은 레스토랑 콘셉트를 고객들에게 인지시키는 과정이다. 창직한 이유와 의지를 지켜나가는 과정이 브랜딩인 것이다.

외식업에서 브랜딩은 매장 내에서 고객과 접점하는 모든 것들이다. 메뉴, 분위기, 파사드, 조명, 유니폼 등 고객 편익 및 경험과 관련된 모든 것이다. 이를 통해 다른 매장으로 이탈하지 않는 관계를 고객과 강력하게 관계를 맺는 것이 브랜딩이다. 고객들이 매장에서 쌓은 추억과 이야기가 많을수록 좋다. 고객 불편을 방치하지 않고 필요한 것이 무엇인지 헤아리는 마음인 접객 서비스를 차별화하면 추억은 풍요롭게 된다. 전술했던 밝은 표정과 말등을 통해 배려와 진정성이 오고 가는 경험이 누적되면 고객은 신뢰를 가지게 되고 브랜딩은 완성된다. 우리 매장이 고객에게 의미가 있는 존재가 되는 것이다. 무심코 내뱉는 말 한마디도 브랜딩이 되는 과정임을 명심하자. 밝은 표정과 긍정적으로 말하도록 습관화하는 것이 브랜딩을 위한 가장 가성비 있는 서비스 마케팅이다.

집객력을 높이는 고객 심리를 이해하자

고객의 몸짓 언어를 파악하자

외식업은 '피플 비즈니스'라고들 말한다. 사람과의 관계 속에서 생산과 소비가 이루어지기 때문이다. 최근 키오스크, 조리 로봇, 서빙 로봇 등이 일부 프로세스를 담당하고 있으나 여전히 사람의 손길을 대체하기에는 많이 부족하다. 고객의 불편한 신호를 감지하고 해결할 수 있는 수준은 안 되기 때문이다. 그런데 로봇이 아님에도 고객의 불편한 기색을 보이거나 도움의 눈빛을 보내도 알아채지 못하는 곳도 있다.

접객의 고수들은 고객들이 말하기도 전에 고객들의 미묘한 몸짓 언어를 파악하고 해결을 해서 신뢰를 쌓는다. 목적의식을 가지고 오랜 기간 고객들을 관찰하면서 쌓은 내공 덕분일 것이다. 그로 인해 이들은 매장에서 발생할 수 있는 고객의 심리를 남들보다 훨씬 민감하고 정확하게 읽을 수 있게 됐다.

고객 심리를 파악하면 관계의 역동성을 훨씬 잘 이해할 수 있게 된다. 고객의 몸짓 언어, 억양, 시선 등을 빠르게 해석해서 고객과의 소통에 능력을 발휘할 수 있게 되는 것이다. 이런 요소들이 매장 아이템과 환경에 따라 차이가 있을 수는 있으나 고객의 소비심리는 유사성을 띠는 경향이 있다. 이는 세대 구분 없이 소비심리의 본질적인 측면이다. 따라서 이를 이해하면 고객을 집객하고 만족스러운 경험을 제공하는 데 도움이 된다. 많은 전문가들의 노력으로 일구어낸 연구들이 있으므로 이를 활용하기만 하면 된다. 왜 해야 하는지 알게 되면 그것을 더 잘할 수 있듯이 고객의 심리를 잘 알면 접객을 잘할 수 있게 된다.

█ 외식업 서비스의 시작과 끝은 인사다

외식업에 처음 발을 들여놓은 사람들이 처음에 의외로 어려워하는 것 중에 하나가 '인사'다. '어서 오세요'라고 큰 소리를 내지 못하고 입안에서 맴돌기만 한다. 낯선 이에게 살갑게 인사하는 것도 쉬운 일이 아니다. 사실 낯가림이 있는 나도 처음엔 어려웠다. 그러나 외식업에서 인사는 첫인상과 끝 인상을 결정하는 중요한 행동임을 배우고 연습을 했다.

사회생활을 하면서 사람들과의 관계의 시작이 인사이듯이 외식업도 마찬가지다. 밝은 인사와 상황에 맞는 접객 멘트를 하는 매장에 가면 메뉴가 나오기 전부터 기분이 좋아지고 맛있을 것 같은 느낌이 든다. 이성적 판단을 벗어나 감성적 판단의 문을 열 수 있는 것이다. 이는 먼저 제시된 정보가 나중에 들어온 정보보다 전반적인 인상 형성에 더욱 강력한 영향을 미치는 초두효과(Primacy Effect) 때문이다. 첫인상이 중요한 이유도, 앞에 말한 파사드가 중요한 이유도 다 이것 때문이다. 처음에 환대받아 좋아진 기분은 서비스에서 큰 실수가 없는 한 계산하고 나갈 때까지 유지되어 좋은 매장이라고 평가할 가능성이 높다.

고객이 계산을 하고 나갈 때 감사한 마음을 전하는 배웅도 첫인사만큼 중요하다. 문밖까지 나가서 감사한 마음과 다시 방문해달라는 인사를 하면 고객의 기억저장고에 깊이 각인된다. 이는 마지막 모습이 오래 기억에 남는 최신효과(Recency Effect) 때문이다. 첫인상이 좋았다고 하더라도 끝 인상이 좋지 않으면 초기 기대치가 위반되어 불만이 더 커진다. 반대로 첫인상이 좋지 않거나 식사 중에 불만이 있었더라도 진심을 담은 배웅 인사를 하면 회복될 수 있다. 외식업 서비스의 시작과 끝은 인사인 것이다. 집객이 되지 않아 돌파구를 마련하고 싶다면 버선발로 뛰어나가 고객을 맞이하고 문밖까지 나가 배웅해보자.

▌반려동물 출입 절대 환영

우리 집은 청개구리 한 마리를 키우고 있다. 딸아이가 일곱 살이 되니 부쩍 심해졌다. 하지 말라고 하면 더 하고, 하라고 하면 안 하는 것이 꼭 청개구리 같다. 어떤 행위를 하지 못하도록 하면 더 하고 싶은 현상을 청개구리 효과라고 한다. 이러한 심리를 자극하는 문구를 사용하는 매장들이 간혹 있다. '음식을 남기면 벌금', '신발 분실 시 책임지지 않음', '반려견 출입 금지', '외부 음식 반입 금지' 등의 문구는 식사도 하기 전에 식욕을 멈추게 만든다.

문구를 완곡하게 표현하거나 역발상으로 제한을 해제함으로써 차별화를 할 수 있다. 가령 '신발 분실 시 적극적으로 책임을 진다'거나 '반려동물 출입 절대 환영' 등과 같이 제한을 해제하는 것이다. 반려동물 양육 인구 증가 추세에 따른 반려견 출입이 이슈가 되곤 한다. 분리 불안이 있는 반려견을 키우는 경우 외식하는 것이 여간 어려운 게 아니다. 나의 경우도 마찬가지로 반려견 '애띠'와 함께 외식할 때는 맛, 분위기, 가격보다는 함께 갈 수 있는 곳이 우선순위였다.

반려견 출입 통제는 매장에서 할 수 있으나 안내견은 출입 거부를 할 수 없다. 장애인복지법에 의하면 안내견 입장을 거부할 수 없고 거부할 경우 과태료를 부과할 수 있다고 되어 있다. 그러나 여전히 안내견 출입 거부는 반복되고 있다. 얼마 전에도 유명 식당과 마트에서 안내견이 들어오는 것을 금지했다가 이 일이 사회적으로 큰 이슈가 되기도 했다.

그 소식을 듣고 2000년대 초반에 있었던 안내견 일화가 떠올랐다. 서울 삼성동 코엑스에서 안내견 홍보 행사가 있었다. 그런데 행사를 하면서 방문한 매장이 내 매장이었다. 매장 담당자는 안내견이 들어오니 당황해서 출입을 금지했다. 문제는 행사 취재를 위해 있던 각 신문사 사진기자들의 플래시 세례를 받은 것이다. 사진 기자들에게 좋은 먹잇감이 됐다. 안내견 홍보 행삿날에 안내견이 출입을 금지당하는 현장을 발견했으니까. 당시만 해도 신문의 영향력이 아주 컸기 때문에 위기상황이었다. 마케팅팀은 초비상이었다. 미션은 사진이 신문에 실리지 않도록 하는 것이었다. 홍보 담당자와 홍보대행사가 여기저기 뛰어다니면서 수습을 해야 했다. 이후 안내견에 대한 교육이 전 매장에 진행됐다.

지금은 그로부터 20년이 더 지났지만 여전히 비슷한 일이 일어나고 있다는 것이 안타까울 뿐이다. 안내견에 대한 관심이 낮기 때문일 것이다. 반려견 출입 허용이 부담스럽다면 '안내견 출입 절대 환영'이라고 안내해보자. 반려인들의 지지를 받을 수 있을 것이다. '개가 사람보다 낫다'라는 말을 하는데 안내견은 그런 말을 들을 자격이 충분하고도 넘친다.

어느 카페에서는 '외부 음식 반입 가능, 대신 나 쪼금 줘야 함' 같은 재치 있는 문구를 적극적으로 내거는 것으로 고객의 환심을 얻고 있다. 자주 가는 고깃집이 있는데 이곳은 후식 냉면을 판매하지 않는다. 고기 먹고 냉면이 먹고 싶으면 맞은편에 있는 냉면집에서 포장해 와서 먹으면 된다. 구색이나 맞추려고 공장 육수와 면을 가지고 대충 내놓지 않고 대신 잘할 수 있는 고기에 집중하겠다는 의지를 '외부 음식 반입 허용'으로 보여주고 있다.

고객의 심리를 파고든다, 공돈효과

마켓컬리, 배달의민족 등 비대면 서비스 시장을 공략하고 있는 플랫폼은 첫 구매 고객에게 많은 혜택을 주고 있다. '신규 회원 100원 이벤트', '첫 주문 1만 원 할인' 등으로 유혹한다. 이는 우연히 이익을 얻게 됐을 때 이전에 하지 못했던 위험성이 높은 일을 하려는 공돈 효과(House Money Effect)를 노린 것이다. 포켓몬빵의 스티커, 스타벅스의 다이어리, 맥도널드의 해피밀 장난감도 이에 해당된다.

이같은 직접적인 할인 행사, 덤마케팅뿐만 아니라 구매 실적에 따라 일정한 포인트를 적립해주는 것도 공돈효과에 해당한다. 작은 매장들에서는 도장을 찍어주는 카드를 많이 활용하는데 공돈효과를 높이는 방법이 있다. 그러나 덤으로 준다고 해서 모두 성공하는 것은 아니다. 덤을 가지고 싶어서 구매를 하게 하기 위해서는 희소성이 필요하다. 돈 주고 사고 싶어도 살 수 없는 덤이어야 고객이 줄을 선다.

퍼줘도 남는 이유

대형 마트를 방문하는 즐거움 중 하나는 시식 코너에서 다양한 음식을 맛볼 수 있는 것이었다. 팬데믹으로 한동안 중지됐으나 곧 재개될 예정이라고 하니 반가운 일이다. 시식은 고객에게는 장 보는 재미를, 마트 측에는 집객 효과를, 제조사에게는 매출을 가져다주는 장치다.

시식을 한 식품은 구매할 확률이 높다. 이는 상호성의 원리로 설명할 수 있다. 《설득의 심리학》(황혜숙 옮김, 21세기북스, 2019)의 저자 로버트 치알디니는 사람들은 "나에게 잘해주는 사람에게 보답하려는 심리"가 있다고 했는데, 이를 상호성의 원리라고 했다. 즉 고객에게 부채의식을 심어주는 것이다.

많은 전문가들이 '퍼줘야 남는다'라고 조언한다. 이러한 조언도 상호성의 원리에 바탕을 둔 것이다. 고객은 '이렇게 줘도 남을까'라는 생각을 가지게 되고 왠지 빚진 느낌이 드는 것이다. 서울 삼청동에서 삼미식당을 영업할 때 실제로 고객들에게 '이렇게 해도 남아요?'라는 이야기를 많이 들었다. 돈카츠, 냉면, 보리 비빔밥 3가지 메뉴를 1인이 먹을 수 있도록 구성했는데 판매가격은 6,500원이었다. 일부 단골 고객은 이러다가 하루아침에 망해서 먹을 수 없게 될까 걱정하고는 했다. 이런 단골 고객들의 걱정과 재방문이 백화점에 입점하는 결과로 이어졌다.

고객에게 퍼줄 수 있는 것은 음식만이 아니다. 미소, 친절, 관심, 배려 등 호의를 퍼줘도 고객은 마음의 빚을 지고 우리 매장을 재방문할 명분을 가지게 된다.

테이블을 줄이더라도 줄을 세워야 하는 이유

개인적으로 웨이팅이 있는 레스토랑은 가지 않는 편이다. 시간도 아깝고 배를 주리고 기다린 만큼 가치가 있을까 싶어서이다. 그러나 출장을 갔을 때는 재방문하기 힘들기 때문에 줄 서는 대열에 합류하곤 한다. 줄 서서 먹은 경우 실패할 확률이 없기는 했다. 그 이유는 기다리느라 허기가 져서 맛이 없을 수가 없기 때문이다. 줄을 세우면 시장이라는 아주 맛있는 반찬을 제공할 수 있는 것이다. 한겨울에 한 시간을 기다려서 먹었던 대구 어느 중식당의 짬뽕 맛이 각인된 이유다.

줄을 서는 매장에 발길이 더 끌리는 이유는 동조현상(Conformity) 때문이다. 대다수의 사람들이 선택하는 것에 동조해 그 뒤에 줄을 서는 것이 편하기 때문이다. 어느 매장을 가야 할지 망설여질 때 타인들의 판단이나 선택에 쉽게 따라가는 경향이 있기 때문에 줄을 서는 곳에 발길이 끌린다. 그리고 줄을 서서 기다리게 되면 기다림이 상품의 가치를 높인다. 특히 내 뒤에 꼬리를 이어 줄을 서는 모습을 보면 성취감을 느끼게 되고, 잠시 후 먹게 될 음식에 대한 기대를 더 높인다. 이는 다른 메뉴를 더 시키는 역할을 하기도 한다.

상품력과 서비스 차별화로 줄을 세우는 것이 정석이지만 오픈하자마자 바로 줄을 세우기는 쉽지 않다. 다만 몇 가지 장치를 통해 줄을 세울 수 있는 조건은 만들 수 있다. 작은 매장에서 시작하고 테이블 수를 오픈 초기에는 줄이는 것이다. 몇 년 전만 해도 4인 테이블을 2인 테이블로 쪼개어 좌석 효율성을 높이는 것을 우선했다. 그러나 지금은 비워야 오히려 채울 수 있다. 더현대 서울이 보여주었고 곳곳에서 줄을 세우고 있는 작은 레스토랑들이 검증하고 있다.

조리 시간이나 고객 대기시간을 조절해 줄을 세우는 방법도 있다. 이는 오픈 주방인 경우 활용하기가 좋은 방법인데 메뉴 나가는 속도를 조절해서 대기시간을 관리하는 것이다. 그리고 고객을 한번에 모두 접객하지 않고 서비스 준비가 다 된 테이블 순으로 접객해서 대기를 관리한다. 이벤트를 통해 줄을 세우는 방법도 있다. 점심 회전율을 높이기 위해 이른 점심을 먹으러 오는 고객을 대상으로 할인 혜택을 제공해서 매장이 오픈하자마자 줄을 세우는 경우가 이에 해당한다.

사과도 기술

불만 고객이 단골 고객으로 전환되면 이론적으로는 일당백의 우군을 확보하게 되는데, 그 과정이 아름답지가 않고 전환 확률도 높지 않다. 그러나 아무런 코멘트 없이 재방문하지 않는 고객보다는 불만을 제기해서 문제점을 도출해주는 고객이 고맙다. 그러지 않으면 고객의 불편한 사항들을 체크하기가 어렵다. 워낙 다양한 불만 유형들이 있는데 빈도가 높은 유형은 주문 오류, 주문 음식이 늦게 나오는 경우, 나보다 늦게 온 고객에게 음식이 먼저 나가는 경우, 직원 서비스 불만, 음식과 사진이 다른 경우, 이물질이 나온 경우 등이다.

이러한 불만에 대한 응대 기본은 제대로 사과하는 것이다. 제대로 된 사과는 불만으로 인한 문제를 해결하고 고객 관계를 개선할 수 있다. 간단한 사과를 통해 고객의 태도가 달라진다는 연구결과도 있다. 사과할 때는 말로만 하면 의미 전달이 약하다. 메러비언의 법칙(The Law of Mehravian)에 의하면 대화 시에 말의 내용보다는 말을 전달하는 표정, 말투, 목소리, 태도 등 비언어적 요소가 중요하다고 한다. 가령 '죄송하다'는 말을 하면서 표정은 무관심함으로 가득하면 문제를 해결할 수 없는 사과가 되는 것이다. 진정성과 공감을 표현하지 않으면 안 된다.

불만이 제기됐을 때 가장 중요한 것은 타이밍이다. 2가지 타이밍이 있다. 첫 번째 타이밍은 고객이 불만을 충분히 표출해 분노가 어느 정도 가라앉았을 때 사과를 하는 것이다. 두 번째 타이밍은 문제점을 바로 해결하기 위한 조치가 바로 이루어져야 하는 것이다. 사장이 없어서, 다른 고객 응대가 바빠서 등의 이유로 방치해 타이밍을 놓치게 되면 회복을 위해 몇 배의 노력이 더 들어간다.

그리고 불만 고객의 보상심리를 충족시켜야 한다. 일정한 행동을 취했을 때 부합되는 대가를 받고 싶어 하는 마음이 보상심리(Compensation)다. 직원의 불친절로 인한 불만을 사과가 아닌 금전적 보상으로 해결하려고 하면 역효과가 날 수 있다. 반대로 고객의 옷이 더럽혀져 금전 보상이 필요한 불만을 사과로 해결하려고 하면 불만은 증폭된다. 그리고 보상을 제안할 때는 보상안을 고객이 선택할 수 있도록 선택형 질문으로 하는 것이 좋다.

감정노동 강도가 세지는 경우는 불만 고객이 아니라 불량고객들 때문이다. 세상은 넓고 다양한 인간 군상이 있음을 느끼게 된다. 외상을 해달라는 고객, 서비스 달라는 고객, 깎아달라는 고객, 수저나 젓가락 가져가는 고객, 생트집 잡는 고객, 막말하는 고객 등으로 신세계를 경험하게 된다. 동네 장사라고 마음의 생채기에 밴드를 붙인 채 그냥 넘어가곤 한다.

모든 고객을 만족시킬 수는 없다. 일관된 원칙을 가지고 응대해서 우리 매장에서는 무리한 요구와 행동이 통하지 않는다는 것을 인지시켜야 한다. 매너 있는 고객이 대접받을 수 있는 외식 문화를 만들어가야 한다.

5장

현금력을 늘리는

하루 30분
Feedback

숫자를 알아야
현금이 보인다

숫자 덕분에 팬데믹을 버틸 수 있었다

'37.5'. 팬데믹 동안 주의를 기울였던 숫자다. 코로나19 발열 기준이 37.5도였기 때문이다. 집에서건 밖에서건 하루에도 몇 번씩 체온계를 이용했는지 모른다. 만약에 '고열이 나면 코로나19 발열을 의심해야 한다'라고만 했다면 혼란스러웠을 것이다. 37.5라는 구체적인 숫자가 있었기 때문에 기본적인 자기관리를 할 수 있었다.

37.5 외에도 우리는 다양한 숫자를 접하며 생활하거나 일을 한다. 나이, 시간, 시험 성적표, 건강검진 결과, 연봉, 개인 신용도, 집값, 주가 숫자 등이 대표적이다. 이러한 숫자들이 오르고 내릴 때마다 우리는 흥분한다. 건강검진을 하면 신장, 체중, 시력, 간수치 등의 결과가 모두 '숫자'로 나타난다.

매장을 운영하기 위한 활동도 이와 같이 숫자로 표시된다. 매출이 얼마나 늘어야 목표이익을 달성할 수 있을지, 노동생산성을 높이기 위해서 어떻게 해야 될지, 적정한 원가율이 어떻게 되는지 등 많은 의사결정을 해야 한다. 이럴 때마다 숫자는 매우 유용한 도구가 돼준다. 매장이 어디가 아픈지 진단을 내리고 어떤 방향을 갈지를 모두 숫자로 알 수 있다.

숫자에 대한 감각을 키워야 한다

숫자 앞에 당당한 사람이 몇이나 될까? 숫자만 보면 눈앞이 아득해져 숫자가 나온 대목은 대충 넘어가며 문자를 찾고는 한다. 나도 그중 한 명이었다. 고등학교 때 수학 때문에 모진 스트레스를 받아서 졸업하면 숫자에서 해방되는 줄 알았다. 그런데 대학에서 회계원리, 재무관리 과목을 들어야 했고 생소한 용어들 때문에 숫자는 점점 더 싫어지게 됐다. 대학 졸업 후에는 정말 숫자는 내 삶에 영향을 미치지 않을 줄 알았는데, 대학원에서 통계를 배워야 했다. 졸업하기 위해서는 해야 했기에 친해지려고 노력했다.

친해지려고 노력할수록 점점 더 멀어지는 숫자였다. 그러다가 숫자의 중요성을 깨달은 계기가 있었다. 호텔에서 식재료 발주 업무를 잠깐 한 적이 있는데 어느 레스토랑에서 주문한 신선재료 3kg을 30kg으로 발주한 것이다. 다음 날 해당 레스토랑에서는 난리가 났다. 신선 재료라서 반품도 할 수 없었다. 주범이면서 막내였던 나는 욕을 먹는 것보다 실수한 것이 창피해 죽을 지경이었다. 만약에 고급 식재료이거나 다른 레스토랑에서 사용하지 않은 식재료였으면 수습하기가 어려웠을 것이다.

계속되는 숫자의 맹공에 영혼이 너덜너덜해져 있던 내가 외식업 첫 보직이 재경팀인 것은 아이러니하다. 서류 전형 시에 마케팅팀에 지원하고 면접을 보았으나 합격 소식과 함께 배치받은 곳은 재경팀이었다. 또다시 숫자와 전쟁이 시작된 것이다. 학교 다닐 때 회계 수업 열심히 듣지 않은 후회가 밀물처럼 밀려왔다.

재경팀 선임은 계산기를 보지 않고 두드리는 생활의 달인이었다. 왼손으로는 서류를 넘기고 오른손으로는 계산기를 빠른 속도로 두드렸는데 정확했다. 경이로웠다. 초반에 단순 보조 업무를 하다가 안 되겠다 싶어 회계 학원을 등록했다. 제대로 해보고자 함이었다. 그런데 한 달도 안 다녔는데 갑자기 마케팅팀으로 발령이 나버렸다. 그때 재경팀에 좀 더 있으면서 숫자와 친해졌더라면 이후 숫자에 현혹되어 내린 잘못된 결정을 피할 수 있었을 텐데 하는 생각이 들곤 한다.

크고 작은 시행착오를 겪고 난 후에야 숫자와 조금 익숙해졌다. 기술적으로 감각이 좀 쌓인 것이다. 여전히 감정적으로 좋아지지는 않는다. 좀 더 노력이 필요한 영역이다. 숫자를 좋아하게 되면 더할 나위 없겠으나 감각을 키울 수는 있다. 수포자도 상관없다. 외식업에서 숫자는 덧셈, 뺄셈, 곱셈, 나눗셈만 할 줄 알면 된다. 가령 앞에서도 말했듯 '매출＝고객 수×객단가'라는 매출 공식을 응용해 고객수는 매출을 객단가로 나누어 구할 수 있다. 이와 같이 숫자를 버무리다 보면 연결된 의미를 찾을 수 있다.

숫자의 함정에 빠지지 말자

매출 목표를 100% 달성한 A 매장과 60% 달성한 B 매장이 있다. 어느 매장이 경영을 잘한 매장일까? 이것만 보면 A 매장이 답일 것이다. 퍼센트 숫자도 중요하지만 매출은 실제 숫자가 중요하다. 즉 실제 얼마나 더 매출을 올렸느냐를 파악해야 한다.

다음 표를 살펴보자. A 매장은 목표를 전년과 대비해 동일하게 세웠고, B 매장은 목표를 공격적으로 높게 잡았다. 2022년 영업 결과, B 매장은 목표 대비 60% 달성했으나 100% 달성한 A 매장보다 2,000만 원을 더 판 것이다. 즉 B 매장이 박수를 받아야 한다. 이와 같이 숫자는 비교 기준을 어디에 두느냐에 따라 해석이 달라진다. 퍼센트는 기준 숫자가 낮으면 인상적인 숫자로 나타날 수 있음을 주의해야 한다. 매출과 비용은 퍼센트 숫자보다 실제 숫자에 의미가 있을 때가 더 많다.

A 매장과 B 매장의 매출과 목표, 목표 대비 달성률 비교

	2021년 매출	2022년 목표	2022년 결과	목표 대비 달성률
A 매장	100,000,000	100,000,000	100,000,000	100%
B 매장	100,000,000	200,000,000	120,000,000	60%

여러 매장을 운영하다 보면 이와 같은 숫자의 함정에 빠질 때가 있다. 매장 책임자들은 자신들의 실적을 부풀리기 위해 자신에게 유리한 숫자와 단위로 보고하는 경우가 있다. 정형화된 평가 기준이 있기는 하나 숫자로 현혹시키는 보고서가 올라오기도 한다. 퍼센트 숫자만 단순 비교하면 실제 차이를 모르고 지나치게 된다.

다음 표와 같이 5개 매장의 매출 결과를 가지고 실적이 좋은 매장에게 성과급을 지급하는 의사결정을 한다고 해보자. 가장 매출이 높은 매장에 인센티브를 주는 것은 상권과 입지, 매장 규모의 차이로 객관성이 떨어진다.

5개 매장의 평균매출이 5,200만 원이니 평균 매출 이상을 달성한 매장에게 성과급을 지급하는 결정을 하면 어떻게 될까? 그럴 경우 A 매장만 성과급을 받을 수 있을 것이고, 매출을 두 배 가까이 달성해야 하는 C 매장과 두 배 이상 달성해야 하는 E 매장은 의욕을 잃을 수 있다. 그리고 매출 5,200만 원을 올리는 매장은 한 군데도 없고 평균매출이 아래 회사의 매출을 대표한다고 말하기 힘들다. 평균매출보다 낮다고 해서 그 매장이 경영을 잘못한다고 판단하기도 힘들다. A 매장이 1억 2,000만 원을 팔아도 이익이 안 남을 수도 있고 E 매장이 2,000만 원을 팔아도 이익이 남을 수도 있기 때문이다. 입지와 매장 규모 등이 다르기 때문에 평균 숫자가 이치에 맞지 않을 수도 있다.

5개 매장 월매출 예시

A 매장	B 매장	C 매장	D 매장	E 매장	5개 매장 평균매출
120,000,000	40,000,000	30,000,000	50,000,000	20,000,000	52,000,000

숫자의 함정을 역으로 이용할 수도 있다. 마시는 비타민C 드링크 카테고리를 창출한 '비타 500'의 500이란 숫자는 비타민C 함유량 500mg을 의미한다. 여기서 우리는 'mg'이라는 단위는 잘 사용하지 않아 익숙하지도 않고 500이란 숫자에 현혹된다. 500mg을 흔히 사

용하는 단위 g으로 변경하면 0.5g이다. 0.5라는 숫자보다 500이란 숫자가 가지는 의미가 크기 때문에 '비타 500'이라고 네이밍했을 것이다. 2년 숙성한 묵은지보다 730일 숙성한 묵은지의 의미가 더 설득력이 있는 것이다.

숫자로 생각하는 습관은 삶을 편하게 한다

이와 같이 감이 아니라 숫자로 생각하고 말하면 설득력과 전달력이 향상된다. 일상생활에서도 숫자를 활용해 대화하면 효율적이고 숫자 감각이 높아지게 된다. 아내가 해준 음식에 그냥 '맛있다'라고 표현하는 것보다는 '파는 것보다 두 배는 더 맛있다'라고 표현하는 것이 좋다. '살을 빼야지'라고 감으로 생각하는 것보다 '3kg을 빼야지'라고 생각하는 것이 체중을 줄일 가능성이 높다. '이것만 하고 쉬어야지'보다 '지금 하고 있는 것을 2시 55분까지 하고 5분 쉬어야지'라고 생각하는 것이 시간관리하는 데 더 도움이 될 수 있다.

숫자를 생각하는 습관을 들이다 보면 계산 감각이 좋아져 돈에 대한 감각이 좋아진다. 감각이 어느 정도 생기면 일 마감 및 월 결산 업무 속도도 빨라지게 되어 매장 현황을 빠르게 진단할 수 있다. 숫자의 의미를 간파하고, 드러난 정보 이면의 기회를 발견할 수 있다. 그리고 잉여시간을 확보해서 휴식시간을 확보하거나 다른 업무에 할애할 수 있다.

매장의 숫자는 운영 상황을 객관적으로 파악하고 다양한 측면에서 분석할 수 있게 한다. 그래서 숫자가 어떤 뜻이고 매장 이익과 어떤 관계가 있는지 알아야 한다. 숫자는 제각각인 매출과 비용을 연결해 전체적인 모습을 파악할 수 있게 하는 연결고리이기 때문이다. 연결고리를 이어가다 보면 보이지 않던 현금이 보이게 된다.

매출 관리보다
이익 관리!

팔아도 남는 게 없다?
"이거 팔아도 얼마 안 남아요."

장사하는 분들이 흔히 하는 말이다. 마진 얼마 안 보고 저렴하게 판매한다는 뉘앙스를 풍기는 말이다. 그런데 이제 진짜 팔아도 남는 게 없는 판이 되어가고 있다. 프라임 코스트인 인건비, 식재료 비용은 증가했는데 판매가격은 그대로니 마진이 줄어드는 것이다. 그래서 고객도 늘고 매출도 늘고 직원 수도 늘어 성공한 것처럼 보이지만 통장 잔고는 비어 있다. 직원들보다 못 가져간다는 푸념이 이상하게 들리지 않는다. 이럴 때일수록 숫자를 관리하지 않으면 이익이 늘지 않는다. 이익이 늘지 않으면 통장에 현금이 남을 가능성은 없다고 봐야 한다.

1~4장에서 이야기한 창직의 철학, 상품력, 매출력, 집객력이 성공을 위한 필요조건이지만 충분조건이 될 수 없다. 여기에 현금을

유지하고 흐름을 관리할 수 있는 현금력이 있어야 한다. 아무리 매출을 많이 올려도 이익이 나지 않으면 안 된다. 아무리 이익이 나더라도 통장 잔고에 현금이 없으면 안 된다. 이익이 나도 현금흐름이 원활하지 않아 부도가 날 수 있기 때문이다. 이를 흑자 도산이라고 한다.

이를 방지하기 위해서는 숫자와 친해져야 한다. 숫자에 내재된 의미, 숫자 사이의 연관성을 파악할 수 있어야 한다. 그러다 보면 숫자에 강하고 익숙해지게 되고 어렵게만 느껴지던 회계를 이해하게 된다. 회계를 알게 되면 이익을 확보하고 현금을 챙길 수 있다. 팔아도 남는 게 없는 믿기지 않는 현실에서 벗어날 수 있다.

현금의 언어, '회계'를 알아야 하는 이유

팔아도 남는 게 없는 경우는 여러 경우가 있을 수 있다. 고객 수가 증가해서 매출이 늘어 기존에 있던 직원들이 힘들어해서 추가 채용한 비용과 매출 증가에 따른 성과급 지급 비용이 늘어나 매출에 비해 이익이 나지 않는 경우다. 매출은 감소했는데 비용을 줄이지 못해 손실이 발생하는 경우도 일반적이다. 부가가치세와 소득세 등 세금을 생각하고 있지 않다가 납부하는 경우, 심지어 원가계산을 잘못해서 팔아도 남지 않는 가격으로 파는 경우도 있다.

이러한 경우의 본질적인 문제는 경영을 숫자가 아니라 감으로 판단하기 때문이다. 외식업은 현금 장사라서 돈이 들어오고 있으니 문제가 없을 것이라고 생각한다. 자신의 매장과 관련된 숫자를 정확하게 파악하고 있지 못하고 있는 것이다. 감이 아니라 숫자로 생각하는 습관을 가져야 한다.

이를 위해 숫자로 표시하는 현금의 언어인 회계를 알아야 한다. 팔아서 남기기 위해서라면 말이다. 회계는 일반 기업만이 필요한 것이 아니다. 내가 혼자 하는 작은 매장이라도 필요하다. 기본적인 경영방식은 일반 기업과 다름이 없다. 1만 명 이상 직원이 있는 기업의 대표도 사장이라고 부르고 1인 매장 대표도 사장이라고 부르는 이유가 있는 것이다.

그러나 큰 기업이나 회계사, 세무사 수준으로 알 필요는 없다. 회계 고수라고 해서 장사의 고수가 되는 것은 아니기 때문이다. 내 매장 경영과 관련된 숫자들을 이해할 수 있을 정도로 개념과 원리를 알고 있으면 된다. 경영분석 기술이 필요한 것이 아니라 현금이 늘어나고 있는가 줄어들고 있는가를 알고 있어야 한다. 아무리 계산이 빨라도 장부에 정리하는 것과 차이가 있을 수 있다. 손익계산서, 재무상태표, 현금흐름표 등을 볼 수 있고 원가관리를 할 수 있을 정도로 공부하면 된다.

앞에 설명한 사례에서 회계의 숫자를 활용했다면 팔아도 남길 수 있었을 것이다. 매출이 늘어남에 따라 필요한 인원을 정직원을 채용해서 고정비를 높이지 않고 고객이 몰리는 업무 집중 시간대에 파트타이머를 채용해서 인건비를 변동비(變動費)로 돌렸다면 이익이 남았을 것이다. 또한 매출에 따른 성과급 지급이 아니라 이익을 평가하거나 노동의 품질에 따라 성과급 지급을 했으면 이익에 긍정적인 영향을 미쳤을 것이다. 일손이 모자란다고 힘든 마음에, 매출이 올랐다고 기분 좋은 마음에 감성적으로 결정하지 않고 이성적인 결정을 할 수 있기 때문이다. 그리고 매출이 줄었을 경우에 불필요한 비용을 찾아 정리했다면 손실을 최소화하거나 보지 않을 수도 있었을 것이다. 궁극적으로 적은 비용으로 효율적으로 이익을 남길 수 있는 방법은 회계 숫자를 통해 찾을 수 있다.

이익이라고 해서 다 같은 이익이 아니다

얼마를 팔아서 얼마를 남겼는지 확인하기 위해 손익계산서를 작성한다. 즉 손익계산서는 경영활동을 숫자로 나타낸 것이다. 매년 실적을 바탕으로 결산을 하지만 매일 하루 영업 결과를 바탕으로 손익계산서를 작성하는 것이 좋다. 일별, 주간별, 월간 손익계산서를 작성해보면서 매출에 대비해서 적절하게 비용을 사용하고 있는지, 목표를 달성하고 있는지 등을 체크하면서 이익관리를 해야 한다. 번 돈에서 쓴 돈을 뺀 것이 이익은 맞지만, 지출하는 모든 돈이 원가이고 남는 것이 이익이라고 생각하면 안 된다. 이 부분이 이익관리의 출발점이다. 회계에서는 이익도 여러 가지가 있고 각각의 이익을 알아야 하는 이유가 있다.

손익계산서에서는 매출에서 원가와 비용을 뺄셈해서 각종 이익을 계산하는데, 매출총이익, 영업이익, 세전이익, 당기순이익이 있다. 매출총이익은 매출에서 메뉴에 투입된 매출원가를 차감한 이익이다. 모든 이익의 원천이며 매장의 상품력을 보여주는 이익이다. 얼마나 돈이 남는 메뉴를 팔고 있는지, 얼마나 싸게 만들어서 비싸게 파는지 보여준다.

매출총이익이 마이너스면 팔면 팔수록 적자가 증가하게 된다. 매출원가에 영향을 주는 구매 문제나 식자재 발주, 검수, 보관, 조리 과정에서 비효율성이 문제일 수 있다. 매출총이익 공식(매출총이익 = 매출액 - 매출원가)을 앞에서 말한 매출 공식과 결합하면, '매출총이익 = (고객 수 × 객단가) - 매출원가'다. 매출총이익을 늘리기 위해서 세 가지 방법이 있음을 알 수 있다. 고객 수 증가, 가격 인상 그리고 원가를 내리는 것이다. 이 중에서 가장 효과가 큰 것은 가격 인상이다. 그래서 가격이 경영의 전부라고 이야기한다.

영업이익은 매출총이익에서 판매비와 관리비를 차감한 금액이다. 판매비와 관리비는 매출을 올리기 위한 영업활동과 연관된 비용이다. 현재 매장의 콘셉트로 얼마만큼 이익을 낼 수 있는지, 수익력을 보여주는 이익이다. 매출이 많아도 판매비와 관리비를 효율적으로 사용하지 않으면 영업이익이 감소할 수밖에 없다. 즉 적은 비용으로 이익을 많이 내면 영업이익률이 높은 것이다. 매장 수가 늘어나면서 성장할 때 번듯한 사무실도 마련하고 조직 구축에 욕심을 부리는 경우가 있다. 이럴 경우 매장 운영에 도움이 되지 않는 비용들도 발생해 이익을 줄어들 수 있음을 주의해야 한다. 플라이급 파이터가 몸집을 빨리 불려 헤비급 체중을 만든다고 해서 헤비급 파이터와 당장 싸울 수 있는 것은 아니다.

세전이익은 영업이익에 영업외수익을 더하고 영업외비용을 빼서 구한다. 영업외수익은 작은 매장에서 특별히 들어올 돈이 없으나, 영업외비용에서는 나갈 돈이 있을 수 있다. 오픈 시에 자금이 부족해서 대출을 했을 경우 이자와 원금을 상환해야 하는 비용이 해당된다.

세전이익에서 종합소득세 비용을 차감하면 당기순이익이 남게 된다. 당기순이익이 순전히 내가 1년간 고생해서 남긴 이익이다. 이익의 끝판왕인 것이다. 매출총이익이 상품력의 수익성, 영업이익이 매장 영업의 수익성을 보여준다면 당기순이익은 개인 사업자의 수익성을 보여주는 것이다.

개인사업자는 종합소득세, 법인 사업자로 등록했으면 법인세를 내게 된다. 종합소득세는 발생한 이익에 대해 6%에서 42%까지 해당되는 누진세율을 곱한 소득세를 납부해야 한다. 그리고 지방세를 더 내야 하는데 종합소득세에 10%를 더 가산한다. 아래 표의 손익계산서 예시를 보면 과세표준이 1,200만 원 이하라서 종합소득세

연간 손익계산서 예시

(단위: 원)

항목	금액	내용
매출액	100,000,000	카드매출, 현금매출
매출원가	35,000,000	식재료비
매출총이익	65,000,000	매출액 – 매출원가
판매비와 관리비	55,000,000	인건비, 월세, 수도광열비, 카드수수료, 광고선전비, 소모품, 수선비, 감가상각비 등
영업이익	10,000,000	매출총이익 – 판매비와 관리비
영업외수익		
영업외비용	500,000	대출이자, 원금
세전이익	9,500,000	영업이익 + 영업외수익 – 영업외비용
종합소득세(법인세)	627,000	종합소득세, 지방소득세. 공제는 계산 편의를 위해 제외
당기순이익	8,873,000	세전이익 – 종합소득세(법인세)

6%와, 지방세 10%를 더해서 6.6%를 납부한 것이다.

매출총이익이 많고 영업이익도 많으면 이익을 잘 확보하고 있는 것이며, 매출총이익은 많은데 영업이익이 작다면 매장 관리에 문제가 있는 것이다. 반대로 매출총이익에 비해 영업이익이 많이 줄지 않았다면 매장 관리를 잘하고 있다고 보면 된다.

다른 곳은 얼마나 팔아서 얼마나 남기나

자신이 목표한 이익을 달성하고 있으면 잘하고 있다고 스스로 칭찬하면 된다. 그러나 다른 곳은 얼마 팔아서 얼마 버는지 알고 싶을 때가 있다. 비교하고 싶은 것이다. 그러나 주변 상권에서 같이 장사하시는 분들은 매출과 이익에 대한 정보를 정확하게 이야기해주지 않는다. 부풀려서 말하거나 줄여서 남는 게 없다고 푸념을 늘어놓기도 한다. 모르는 경우도 있다.

이럴 때는 금융감독원 전자공시시스템 사이트에 들어가서 자신과 같은 카테고리의 기업들의 재무제표를 확인해 참조하는 것도 방법이다. 단, 규모에 차이가 있으므로 금액 숫자보다는 이익률 숫자를 본인의 이익률과 비교해보면 된다. 다음 표는 카테고리별 주요 기업들의 2021년 손익계산서를 정리한 것이다. 브랜드 중 4개 회사는 프랜차이즈 회사로 전국을 대상으로 다점포로 영업을 하고 있고, 1개 회사는 직영점으로 운영하고 한 지역에서만 운영하고 있다.

성심당은 대전 지역에서만 60년 이상 영업을 하고 있다. 전국으로 시장을 넓히고 있는 타 지역 유명 베이커리 브랜드와 달리 대전

(단위: 백만 원)

항목	교촌치킨	더본코리아	성심당	도미노피자	명륜진사갈비
매출액	493,461	176,542	62,860	223,450	82,798
매출액	408,665	99,293	35,740	138,102	58,262
	83%	56%	57%	62%	70%
매출총이익	84,796	77,248	27,119	85,348	24,535
	17%	44%	43%	38%	30%
판매비와 관리비	56,837	60,297	16,614	69,407	20,035
	12%	34%	26%	31%	24%
영업이익	27,959	16,951	15,505	15,940	4,500
	6%	10%	25%	7%	5%
영업외수익	791	1,506	871	6,339	1,372
영업외비용	2,646	6,905	403	2,425	1,922
세전이익	29,261	11,551	10,973	19,855	3,950
	6%	7%	17%	9%	5%
법인세	7,053	11,551	1,685	3,997	1,129
당기순이익	22,207	9,495	9,287	15,857	2,822
	4.5%	5%	15%	7.1%	3.4%

에서만 영업을 해온 결과 희소성이라는 가치가 더해졌다. 대전역 앞에서 찐빵가게로 시작해서 매출 628억, 영업이익 155억으로 대전을 대표하는 기업으로 성장했다. 탄탄한 브랜드 효과로 팬데믹임에도 불구하고 영업이익률 25%를 달성하는 결과를 가져오게 했다.

한국농촌경제연구원에서 진행하는 '외식업경영실태조사'에 의하면 2019년 전체 외식업체 평균 매출은 2억 300만 원이고 수익력을 보여주는 영업이익은 3,046만 원으로 매출액 대비 15%였다. 이와 비교했을 때 성심당의 영업이익률은 외식업체 평균 영업이익률을 상회하는 결과다.

목표로 한 이익을 달성하면서 동네에서 1등 하다 보면 옆 동네로 소문이 나고 또 이어서 그 옆 동네로 소문 나게 될 것이다. 그러다 보면 오래 할 수 있는 현금력이 생기고 성심당 같은 기업으로 성장할 수도 있을 것이다.

'비용'이라는 가랑비에 옷 젖지 말자

이익을 늘리기 위한 2가지 방법

이익을 늘리기 위한 방법은 2가지다. 매출을 올리거나 비용을 줄이면 된다. 그중 대부분 매출을 올리기 위한 생각들을 많이 하고 노력을 기울인다. 효과가 가장 큰 가격을 올리지는 못하고 고객 수를 늘리는 데 집중한다. 그러기 위해 미끼 메뉴를 개발하고, 이벤트를 하면서 추가 비용이 발생한다.

그러나 매출이 생각과 노력에 정비례하지는 않는다. 그리고 매출이 늘어도 비용도 늘어나면 이익이 날 수 없다. 매출을 늘리기 위해서 마케팅 비용을 썼는데 마케팅 비용 이상의 매출이 오르지 않으면 이익이 안 나게 되는 것이다. 이에 오히려 비용관리가 더 용이하고 효과도 바로 볼 수 있다. 그럼에도 불구하고 상대적으로 비용을 줄이는 것에는 신경을 덜 쓴다. 해도 티가 안 난다고 생각하기 때문이다.

매출 증가와 비용 절감 비교

(단위: 원)

항목		현재	매출 증가 20%	비용 절감 4%
매출액		10,000,000	12,000,000	10,000,000
변동비	80%	8,000,000	9,600,000	7,680,000
공헌이익	20%	2,000,000	2,400,000	2,320,000
고정비	15%	1,500,000	1,500,000	1,440,000
영업이익		500,000	900,000	880,000
영업이익률		5%	8%	9%

　위 표는 매출 1,000만 원, 변동비 80%, 고정비 15%인 매장이 매출이 20% 증가한 경우와 비용을 4% 절감한 경우를 비교한 것이다. 변동비와 고정비를 4% 줄이면 매출을 20% 늘렸을 때와 동일한 이익을 얻을 수 있음을 보여준다. 비용 절감 전 대비 이익이 76% 증가했음을 알 수 있다. 그리고 영업이익률은 매출이 증가한 경우보다 비용을 절감한 경우가 더 높게 나왔다. 변동비가 높은 경우를 가정한 것이기는 하나 이익관리는 비용관리가 중요함을 말해준다. 재테크의 기본이 지출관리인 것과 같다. 지출을 통제하기 위해 지출내역을 분석하듯이 비용을 관리하고 통제하기 위해서는 비용 구조를 알아야 한다.

변동하는 비용, 매출원가

　손익계산서에서 매장 영업과 관련해 지출되는 비용은 매출원가와 판매비와 관리비다. 외식업에서 매출원가는 식재료비다. 식재료비는 매출에 따라 변동하는 변동비다. 변동한다는 것은 경영자가 어

H 브랜드				S 브랜드			
A 매장	B 매장	C 매장	D 매장	E 매장	F 매장	G 매장	H 매장
28.5%	30.9%	34.5%	41.9%	28.9%	27.4%	32.5%	35.4%

떻게 하느냐에 따라 올라갈 수도 있고 내려갈 수도 있다는 것을 의미한다. 월 매출액이 3,000만 원인 매장에서 식재료 비율(매출액 / 식재료비) 2%의 증감은 60만 원의 매출총이익이 증감하는 것으로 이어진다. 연간 720만 원이다. 동일한 메뉴에 동일한 가격과 표준원가를 가지고 영업을 해도 매장 관리자에 따라 식재료 비율은 차이가 발생한다.

위 표는 2017년도에 운영했던 매장들 중 2개 브랜드 8개 매장의 연간 식재료 비율을 정리한 것이다. 지역에 따라 물류가 다르고 로컬화한 메뉴의 차이로 인한 원가 차이도 있으나 동일한 브랜드임에도 관리자에 따라 원가 차이가 발생했고, 이는 이익의 차이로 나타났다.

▋ 영업이익의 크기를 결정하는 판매비와 관리비

판매비와 관리비는 영업이익의 크기를 결정하는 주요 변수다. 판매비와 관리비에서 비중이 높은 것은 임차료와 인건비다. 임차료는 고정비기 때문에 영업 중에 관리할 수 있는 비용은 아니다. 오픈전 점포 계약 시에 임차료를 소화할 수 있는 매장을 선택하거나 수수료 방식으로 계약해 변동비화하는 것을 시도해봐야 한다. 외식업에서 대박 매장은 같은 매출이라고 해도 고정비가 낮은 매장에서 나온다. 고정비 중에서 특히 임차료가 낮은 매장들이 해당된다. 프랜차이즈 조직에 있을 때 이런 사례들을 많이 경험했다. 동일한 메뉴와 인테리어를 가지고 영업을 하는데 서울에 비해 상대적으로 좋은 입지에 임차료가 낮은 지방 매장들이 이익을 더 많이 확보할 수 있었다.

인건비도 급여만을 생각해서는 안 된다. 4대보험, 퇴직금, 복리후생비 등도 반영해야 한다. 건강보험료, 고용보험료, 국민연금, 장기요양 보험료는 직원과 절반씩 부담하고, 산재보험료는 회사가 전액 부담한다. 가령 직원 급여가 250만 원이라고 하면 4대보험 회사부담분은 약 26만 원(약 10.533%, 2022년 기준) 정도 된다.

그리고 직원이 퇴사할 때 지급해야 하는 퇴직금도 미리 떼놓아야 하는데 약 20만 원(8.3%) 정도 된다. 이를 퇴직금충당금이라고 한다. 회계 계정 과목으로는 복리후생비, 세금과 공과, 보험료로 정리되나, 한 사람을 채용하면 급여 외 비용도 발생한다는 것을 인지해야 한다. 즉 실제 지출되는 인건비는 250만 원이 아니라 296만 원이 되는 것이다. 이 외에도 경조사비, 식대, 간식비, 회식비, 의약품 구입비, 피복비 등과 같은 복리후생비도 있다.

놓치기 쉬운 감가상각비

임차료와 인건비 외에 놓치기 쉬운 비용은 감가상각비다. 이것은 인테리어, 주방기기 등 영업을 위해 투자한 비용을 법정의 내용연수(사용기간)에 준해 매년 비용으로 처리하는 비용이다. 인테리어와 주방기기는 몇 년에 걸쳐 사용할 수 있는 자산이다. 이것을 오픈한 첫해에 모두 비용으로 처리하면 이익이 발생할 수 없다. 그래서 내용 연수로 나눠 처리하는 것이다.

감가상각비는 정액법, 정률법, 연수합계법 등이 있는데 외식업에서는 일반적으로 정액법을 많이 쓴다. 정액법은 내용연수 동안 일정액의 감가상각비를 계상하는 것이다. 가령, 인테리어와 주방기기에 1억 2,000만 원을 투자했다면 내용연수 5년(60개월)으로 해서 매월 200만 원이 감가상각비로 처리된다. 고정자산으로서 감가상각을 통해 비용처리가 되는 것이다.

이와 같이 비용처리로 인정받을 수 있는 것을 인정받지 못하면 어떻게 될까? 내지 않아도 될 세금을 내야 할 수 있다. 인정받기 위한 첫 단계는 세금계산서를 받아야 한다. 인테리어 업체에서는 흔히 견적서를 보낼 때 부가가치세를 제외한 공급가액으로 보낸다. 세금계산서를 발행해달라고 하면 부가가치세 10%에 해당하는 금액을 더 내라고 한다. 이게 아까워서 세금계산서를 안 받으면 세금 때문에 더 손해를 볼 수 있다. 다음 단계는 회계장부를 작성하는 것이다. 장부 작성을 하지 않고 세금 신고를 하는 경우 감가상각비를 인정받을 수 없다.

1억 2,000만 원을 투자한 매장이 매출을 2억 원 올렸다고 가정해보자. 식재료, 임대료, 인건비 등 비용은 1억 8,000만 원을 써서 이익은 2,000만 원이 됐다. 이를 바탕으로 신고를 한다면 2,000만 원에 대한 세금을 내야 한다. 그러나 감가상각비를 비용으로 인정받으면 2,400(1억 2,000만 원/5년)만 원이 비용으로 인정돼서 손실이 400만 원이 된다(매출 2억 원 − 비용 1억 8,000만 원 − 감가상각비 2,400만 원＝−400만 원). 즉 세금은 낼 필요 없게 되고 손실 400만 원은 이월되어 결손금 공제로 절세효과를 볼 수 있다. 전술한 현금의 언어, 회계를 알아야 하는 이유다.

감가상각비는 회계장부상에서는 비용으로 처리되고 있지만 다른 비용처럼 실제로 돈이 나가는 것은 아니다. 이미 오픈할 때 비용은 지급했기 때문이다. 즉 실제로는 통장에 있는 현금이다. 그래서 실제로 지출하지 않는 비용이기 때문에 놓치는 경우가 많다. 그러나 매년 나의 자산은 감가상각비만큼이나 감소한다는 것을 알아야 한다. 오늘 산 새 자동차가 내일만 되어도 가치가 떨어지는 것처럼 인테리어와 주방기기는 유효기간이 있는 자산이다. 유효기간 안에 자산을 최대한 활용해서 이익을 남겨야 한다.

이 외에도 수도광열비, 수수료, 통신비, 수선비, 직원들 식대와 간식비 등 정기적 혹은 비정기적으로 나가는 비용들이 있음을 알고 비용 계획을 세워야 한다.

숨어 있는
이익을 찾아라

▌ 손실이 될 것을 이익으로 돌리자

숨어 있는 이익을 찾으려면 손실이 될 것을 이익으로 돌려야 한다. 이를 위해서는 생산성을 향상시켜야 한다. 이는 비용 관리와 자산 활용을 통해 가능하다. 비용을 관리해야 한다고 해서 프라임 코스트인 식재료비와 인건비를 절감하는 것에만 포커스를 맞추면 안 된다. 이익에 레버리지 효과를 주는 상품력에 영향을 주는 비용을 절감하는 것은 사업을 포기하는 것이다. 상품력과 서비스 수준이 떨어져 고객 이탈이 될 가능성이 높기 때문이다.

계란 파동이 일어나서 냉면에 계란을 안 넣어주고, 대파 파동 때문에 설렁탕에 대파를 보일 듯 말 듯 제공하면 고객은 미련 없이 떠난다. 한여름에 전기료를 아낀다고 고객이 들어오자마자 그때서야 에어컨을 작동하면 쾌적한 분위기에서 식사를 할 수 없다. 미리 작동시켜서 실내에 시원한 공기가 흐르도록 해야 한다. 즉 줄이는 것에만 집중하면 업의 본질이 무너진다.

군살과 지방에 숨겨진 아름다움을 찾고 건강을 위해 다이어트를 한다. 그러나 근육까지 줄이면 부작용이 생긴다. 군살과 지방은 줄이고 근육은 유지해야 하는 것처럼 불필요한 비용은 줄이고 필요한 비용은 유지해야 한다. 원가와 비용에 부정적인 영향을 미치는 요인들을 찾아서 해결해야 한다. 식재료 사용시에 불필요한 낭비 요소를 제거하거나 같은 식재료를 다른 메뉴에도 사용해 생산성을 높이는 것이다.

도구를 활용하면 수월한 원가관리

일단 식재료 비율, 즉 원가가 적절한지 체크해야 한다. 즉 원가관리가 되어야 한다. 원가가 판매가격과 같거나 높으면 헛장사를 하는 것이다. 원가관리를 위해 우선 해야 할 것은 레시피를 작성해서 메뉴별 원가를 파악하는 일이다. 메뉴별 원가를 알아야 판매 시뮬레이션을 통해 전체 원가를 추정하고 목표를 세울 수 있다. 그리고 마진이 높은 메뉴를 대표 메뉴로 해서 밀어붙이면 이익의 폭은 커지게 된다. 레시피 양식은 수기로 하든 엑셀로 하든 정확하게 계산만 할 수 있으면 된다.

다음 표는 내가 사용하고 있는 양식의 일부이며 바비큐 치킨 샐러드 원가를 뽑은 예시다. 필요량은 투입량과 로스율(버리는 비율)을 곱한 숫자다. 사과 같은 경우는 사과 1개를 100% 모두 사용할 수 없다. 씨, 꼭지 등은 샐러드에 사용할 수 없다. 그래서 로스가 발생할

원가 계산을 위한 레시피 예시

(단위: 원)

재료명	투입량 (g)	로스율 (g)	필요량 (g)	금액 규격(g)	금액 가격	1g 원가	원가
바비큐 치킨 샐러드							
샐러드 믹스	90	1	90	90	630	7	630
바비큐치킨	80	1.1	88	10,000	118,880	12	1,046
파인애플 슬라이스	40	1	40	502	2,482	5	198
블랙올리브 슬라이스	15	1	15	170	1,691	10	149
할라피뇨	10	1	10	1,700	8,409	5	49
적양파 다이스	15	1.2	18	1,000	3,000	3	54
방울 토마토	15	1.1	17	500	5,500	11	
사과 다이스	15	1.2	18	9,450	48,000	5	91
파마산치즈가루	5	1	5	1,000	9,545	10	48
합계							**2,447**

수 있는 식재료이기 때문에 로스율을 감안해야 한다. 규격은 입고 시에 들어오는 단위이고 가격은 구매 금액이다. 가격을 규격으로 나누면 1g 원가가 나온다. 1g 원가를 필요량과 곱하면 원가가 나오게 된다. 종합하면 바비큐 치킨 샐러드의 원가는 2,447원이다. 판매 가격을 1만 원으로 책정하면 원가율은 24.5%가 된다.

일반적으로 원가율은 30% 초반에서 중반 정도 나오며, 이 수치가 이익을 확보할 수 있는 원가율이다. 그러나 원가는 아이템과 콘셉트에 따라 차이가 있다. 같은 중식당이라고 하더라도 식사 위주로 판매하는 곳은 원가율이 30% 이상이고, 요리와 코스 메뉴를 위주로 판매하는 곳은 30% 미만이다. 내가 운영하고 있는 25개 매장들 중에서도 가장 원가율이 낮은 매장은 25%, 가장 원가율이 높은 매장은 36%이다. 두 매장의 차이는 브랜드 콘셉트와 메뉴다.

목표 원가 추정

(단위: 원)

구분	A 메뉴	B 메뉴	C 메뉴	D 메뉴	E 메뉴	F 메뉴	계
판매가격	10,000	9,000	11,000	10,000	11,000	9,000	
원가	3,300	2,800	3,800	2,500	4,000	2,900	
마진	6,700	6,200	7,200	7,500	7,000	6,100	
예상판매수량	55그릇	70그릇	30그릇	100그릇	20그릇	60그릇	335그릇
예상 매출	550,000	630,000	330,000	1,000,000	220,000	540,000	3,270,000
예상 원가	181,500	196,000	114,000	250,000	80,000	174,000	995,500
원가율	33.0%	31.1%	34.5%	25.0%	36.4%	32.2%	30.4%

둘째, 메뉴별 원가와 판매가격이 결정되면 목표 원가율을 설정해야 한다. 이는 메뉴별로 얼마나 팔릴지 판매수량 추정을 통해 알 수 있다. 다음 표와 같이 A메뉴부터 F 메뉴까지 판매가격과 원가를 결정한 후 숫자를 입력한다. 메뉴 콘셉트와 상품력을 바탕으로 고객 선호도를 고려해 예상 판매수량을 정한다. 단, 판매 수량의 총합은 예상 고객 수와 동일하게 추정해야 전체 매출손익 목표와 차이가 발생하지 않는다. 6가지 메뉴를 335개 판매해 원가율이 30.4%가 될 것으로 추정된다. 원가율이 30.4%일 경우 전체 이익에 미치는 정도를 파악하고 판매가격, 원가, 예상 판매수량을 조정한다. 오픈 후에는 고객 수, 메뉴 판매 수량 등의 실제 자료를 바탕으로 목표원가를 수정해나가면 된다.

셋째, 메뉴 엔지니어링(Menu Engineering: 메뉴의 수익성과 인기도에 따라 메뉴를 점검, 조정하는 일)으로 메뉴별 판매수량, 원가, 마진을 분석해서 메뉴 분석과 원가관리를 하는 것이다. 메뉴 엔지니어링으로 메뉴 구조조정에 대한 의사결정을 할 수 있고 이익 확보를 위한 메뉴 개발

방향을 잡을 수 있다. 다음 페이지 표와 같이 메뉴의 마진과 선호도에 따라 메뉴의 등급을 나눠서 메뉴 관리를 할 수 있다. 방법은 다음과 같다.

1. 메뉴별 판매량을 입력한다.
2. 메뉴별 판매 점유율인 메뉴믹스(메뉴별 판매량 / 전체 메뉴 판매량)를 계산한다.
3. 메뉴별 원가를 입력한다.
4. 판매가를 입력한다.
5. 메뉴별 마진(메뉴별 판매가격 – 메뉴별 원가)을 계산한다.
6. 총원가(메뉴별 판매량 × 메뉴별 원가)를 계산한다.
7. 총매출(메뉴별 판매량 × 판매가격)을 계산한다.
8. 공헌마진(메뉴별 판매량 × 메뉴별 마진)을 계산한다.
9. 공헌율(메뉴별 마진 / 전체 메뉴 마진)을 계산한다.
10. 메뉴별 원가율(메뉴별 원가 / 메뉴별 판매가격)을 계산한다.
11. 수익성을 체크하는 공헌마진을 분류한다. 메뉴별 공헌율이 70% 범위 안에 들면 'H(High)', 그렇지 않으면 'L(Low)'이라고 입력한다. 엑셀을 사용한다면 다음과 같은 함수를 입력하면 된다.
    → IF(공헌율 ≥ 7%, "H", "L")
12. 메뉴 선호도를 체크하는 메뉴믹스를 분류한다. 메뉴믹스가 70% 범위 안에 들면 'H(High)', 그렇지 않으면 'L(Low)'이라고 입력한다. 엑셀을 사용한다면 다음과 같은 함수를 입력하면 된다.
    → IF(메뉴믹스 ≥ 1/전체 메뉴 수 × 70%, "H", "L")

메뉴 등급 S(Star) 메뉴는 마진도 높고 잘 팔리는 메뉴다. 시그니처 메뉴라고 할 수 있다. 현재 상품력을 유지해야 하며 메뉴판에도

메뉴 엔지니어링 예시

분류	메뉴명	판매량	메뉴 믹스	원가	판매가	품목 마진	총원가
스테 이크	채끝등심스테이크	1,283	18.5%	7,081	20,818	13,737	9,084,923
	와규부채살스테이크	673	9.7%	7,098	19,909	12,811	4,776,954
	등심큐브스테이크	201	2.9%	4,370	13,545	9,175	878,370
샤브 샤브	소고기	1,795	25.9%	2,602	11,818	9,216	4,670,590
	얼큰	436	6.3%	2,748	11,818	9,070	1,198,128
	런치소고기	593	8.6%	2,378	9,000	6,622	1,410,154
	런치얼큰	163	2.4%	2,378	9,000	6,622	387,614
탕	설렁탕	407	5.9%	4,700	10,818	6,118	1,912,900
	안동국밥	587	8.5%	4,372	10,818	6,446	2,566,364
기타	등심팬라이스	792	11.43%	2,441	9,909	7,468	1,933,272
	계	6,930	100%				

가장 눈에 잘 띄게 해서 판매를 유도하는 것이 좋다. 매장 이익의 크기를 결정하는 메뉴다. C(Cow) 메뉴는 마진은 작지만 인기가 있다. 따라서 원가를 다시 분석해서 원가를 조정하거나 식재료를 변경해서 마진을 높일 수 있다. 판매가격을 올려서 마진을 높이는 방법도 취할 수 있다. P(Puzzle) 메뉴는 마진은 높으나 인기가 없는 메뉴다. 메뉴판 위치 변경, 메뉴명 변경, 메뉴 판촉, 가격인하 방법 등을 시도해볼 수 있다. D(Dog) 메뉴는 인기도 없고 이익도 낮아서 퇴출 1순위 메뉴다.

메뉴 엔지니어링을 통하면 어떤 메뉴를 많이 팔아야 이익이 커질지 눈에 보이게 된다. 어떤 메뉴가 일을 안 하는지도 확인할 수 있다. 즉 메뉴 등급에 따라 메뉴별 역할을 확인할 수 있다. 이를 통해 메뉴 콘셉트 변경 및 레시피 수정을 통해 상품력을 개선할 수 있다.

총매출	공헌마진	공헌율	코스트	공헌마진 분류	메뉴믹스 분류	메뉴 등급
26,709,727	17,624,804	26.8%	34.0%	H	H	S
13,398,818	8,621,864	13.1%	35.7%	H	H	S
2,722,636	1,844,266	2.8%	32.3%	L	L	D
21,213,636	16,543,046	25.1%	22.0%	H	H	S
5,152,648	3,954,520	6.0%	23.3%	L	L	D
5,337,000	3,926,846	6.0%	26.4%	L	H	C
1,467,000	1,079,386	1.6%	26.4%	L	L	D
4,403,000	2,490,100	3.8%	43.4%	L	L	D
6,350,166	3,783,802	5.8%	40.4%	L	H	C
7,848,000	5,914,728	9.0%	24.6%	H	H	S
	65,783,363		30.99%			

특히 메뉴를 삭제할 때 빠른 결정을 이끌어준다. 그것만 찾는 고객이 있어서 뺄 수 없는 마음을 빠르게 바꿔줄 수 있다. 그리고 메뉴 전체 코스트(30.99%)를 확인할 수 있는데, 목표원가와 차이를 비교하는 자료로 활용할 수 있다.

생산성을 높이는 원가관리 습관

매월 매출에 따른 원가를 체크해야 한다. 월별 식자재 원가는 '전월 재고 + 당월 구매 금액 − 월말 재고'로 계산하면 된다. 이를 위해서는 재고조사를 매월 말일에 진행하는 습관을 들여야 한다. 재고조사할 때 유통기한도 함께 체크해서 유통기한 때문에 폐기해 낭비되는 식자재가 없도록 해야 한다. 월별 원가가 나오면 목표원가와 차이를 확인하고 그 원인을 찾아야 한다. 계절 식자재 인상이 원인일 수도 있고, 레시피 원가에 오류가 있을 수도 있다. 조리 시에 레시피의 필요량보다 적게 넣거나 많이 넣는 것이 원인일 수도 있다. 원가는 가격과 연동되어 있고 이익에도 직접적인 영향을 미치므로 매일 체크해야 한다.

둘째, 낭비하는 재료 없이 식재료 수율을 높이는 것이 필요하다. 수율이란 낭비하는 메뉴에 들어가는 식재료 중 몇 퍼센트가 메뉴로 완성되는지를 나타내는 값이다. 가령 고기를 1kg 손질하는 데 기름기 등을 제외하고 메뉴에 사용하는 것이 900g이라고 하면 수율은 90%인 것이다. 그러나 메뉴에 사용하지 않는 100g을 버리지 않고 다른 곳에 사용할 수 있다면 수율이 올라가서 식재료비를 절감할 수 있다. 한식당을 운영할 때 이런 고기 부산물을 비빔밥에 쓰는 볶음고추장을 만들 때 활용해서 수율을 높이고는 했다. 일반 고추장을 사용하지 않고 볶음고추장으로 비빔밥의 상품력을 높인 것은 두말할 나위 없다.

셋째, 수율을 높이기 위해서는 식재료 손질 방법, 다른 메뉴에 활용하는 방법도 있지만 근본적으로 검수를 꼼꼼하게 하는 습관이 중요하다. 품질 좋은 식자재를 공급받아야 하는 것이다. 유통기한 임박한 것, 냉장냉동 유통해야 되는 식자재를 상온 유통한 것, 신선도 떨어진 것 등은 반품시키고 재입고받아야 한다. 그리고 규격이 맞지 않는 것도 체크해야 한다. 1kg짜리를 발주했는데 900g짜리가 입고되고 구매금액은 1kg짜리로 되어 있으면 손실이다.

식자재 종류가 많은 한식당, 중식당 같은 곳에서는 모든 식재료를 다 꼼꼼하게 챙기는 것이 힘들 수도 있다. 이럴 때는 구매금액이 높고 상품력에 영향을 미치는 메인 식재료를 우선순위로 체크하면 된다. 전체 결과의 80%가 전체 원인의 20%로 인해 일어난다는 파레토 법칙처럼 식재료 수량의 20%가 구매금액의 60%에서 80%를 차지한다. 20%에 해당하는 식자재들의 단가, 가격이 오를 경우 대체 식자재 검토, 재고 현황, 로스 현황 등을 집중관리하면 된다.

넷째, 원가 공식을 염두에 두어야 한다. '원가 = 단가 × 양'이다. 단가와 양을 10% 줄이면 원가는 약 20% 절감하는 효과를 거두게 된다(0.9 × 0.9 = 0.81). 그러나 대량구매를 하지 않는 이상 업체와 단가 협상에서 우위를 점하기는 쉽지 않다. 이에 필요한 양만 발주해 재고를 최소화하는 것이 이익을 지킬 수 있는 방법이다. 재고를 유지할 때도 선입선출, 유통기한, 냉장냉동 구분해 보관하는 등 로스를 최소화할 수 있는 보관 습관을 들여야 한다.

다섯째, 시간과 수고를 들이면 원가는 낮아지고 이익은 높일 수 있다. 구체적으로 업체를 통하지 않고 직접 장을 보기, 공장 소스나 육수를 사용하지 않고 직접 끓이기 등을 하면 원가는 낮아진다. 내가 운영하고 있는 브랜드 중 매장이 1개밖에 없는 브랜드가 있다. 공장 제품을 사용하기에는 수지가 안 맞아 이 매장에서는 육수를 직접 끓이고 보쌈도 직접 삶는다. 시간과 수고의 대가로 원가율을 20% 중반으로 유지하고 있다. 상대적으로 임대차 비용이 높은 것을 상쇄해서 이익을 확보하고 있다. 그러나 시간과 수고를 들이는 방법은 인건비와도 관련이 있고 아이템과도 관련이 있다. 오히려 생산성이 낮아질 수도 있다. 중식당을 할 때 양파가 대표적인 사례였다. 중식당에서 가장 많이 쓰는 채소가 양파다. 피양파(껍질 있는 양파)보다 비싼 '깐 양파'가 계속 입고되길래 피양파를 주문해서 손질해서 쓰라고 지시를 했다. 단가만 비교하고 지시를 한 것이었다. 며칠 해보니 로스, 노동력, 기회비용 등을 종합적으로 계산한 결과 깐 양파를 사용하는 것이 더 생산성이 높음을 알게 됐다.

여섯째, 자산을 최대한 활용해 생산성을 높이는 것이다. 대표적인 자산이 앞서 언급했던 재고다. 재고는 돈이다. 돈을 냉장고에 계속 두면 일하지 않고 놀고 있는 것이다. 냉장고 안에서 잠자고 있게만 하면 안 되고 밖으로 나와서 일을 하게 해야 한다. 재고가 메뉴로 바뀌어서 판매가 됐을 때 이익이 발생하는 것이다. 밖으로 나오지 못하고 잠만 재우다가 재고를 폐기하면 손실이 된다. 물론 직원들을 위한 스페셜 간식으로 활용할 수도 있다. 그러나 가장 좋은 것은 재고를 최소화하는 것이다.

그리고 놀고 있는 주방기기와 같은 자산들이 없도록 해야 한다. 가동률이 떨어지거나 불필요한 주방기기가 있다면 잔존가치가 계속 떨어지기 때문에 처분하는 것이 좋다. 처분하면 전기도 안 잡아먹고 작업 동선도 편리해질 수 있다. 아까워서 계속 가지고 있다가 결국 돈을 주고 폐기할 수도 있다.

세금에도 숨어 있는 이익을 찾자

사업자 등록을 하게 되면 의무적으로 내야 하는 돈이 있다. 바로 세금이다. 대표적인 세금이 부가가치세와 종합소득세다. 신고 기간 내에 사업자가 직접 계산을 해서 신고 납부를 해야 하는 세금이다. 비용처리를 할 수 있는 세금이기도 하다. 비용처리로 공제를 받기 위해서는 적격증빙자료를 챙겨야 한다. 이것이 절세를 통해 이익을 확보할 수 있는 가장 기본적이면서 중요한 방법이다. 적격증빙자료는 세금계산서, 계산서, 신용카드 매출전표, 현금영수증이 해당된다. 증빙자료가 없는 경우 가산세를 내어야 되는 경우도 있을 수 있으니 반드시 수취해야 한다.

흔히 놓치는 적격증빙 중 하나는 전기료, 통신비, 가스요금 같은 공과금이다. 임대인이나 이전 임차인으로 되어 있는 것을 명의변경하지 않고 요금만 내는 경우 매입세액 공제를 받을 수 없다. 이에 오픈 시에 명의변경을 신청하는 것이 좋다. 직원 식대, 간식비도 적격증빙자료가 있으면 공제를 받을 수 있다. 단, 공제를 받기 위해서는 직원임을 증빙해야 되므로 원천세 신고가 필수다. 그리고 국세청 홈텍스에 사업용 신용카드를 등록해놓으면 증빙을 따로 챙길 필요가 없다. 부가가치세, 종합소득세 신고도 편하게 할 수 있어 기회비용을 줄여준다.

그리고 신용카드 매출과 현금영수증 매출액에 대해 일정률의 부가가치세를 공제해주는 제도인 신용카드 발행세액 공제와 면세인 농축산물 및 임산물 등을 원재료로 하는 제품 및 가공품을 판매할 경우 일정비율의 금액을 매입세액으로 보아 공제해주는 의제매입세액 공제를 통해 절세를 할 수 있다. 단, 신용카드 발행세액 공제는 법인사업자와 매출이 높은 개인사업자(직전 연도 공급가액 합계액이 10억 원 이상)는 받을 수 없다.

시작할 때 간이과세자로 등록하면 부가가치세를 안 낼 수도 있다. 간이과세자는 일반과세자에 비해 세율이 낮게 적용되고 매입공제를 받고 나면 부가가치세를 거의 안 내게 된다. 투자비가 적고 오픈 초반 매출액이 높지 않을 것으로 예상되면 간이과세자로 시작하는 것이 좋다. 그러나 연 매출액이 8,000만 원을 초과하면 다음 해 7월 부로 일반과세자로 전환된다. 업종과 지역에 따라 간이과세자로 등록이 되지 않을 수 있으니 사전에 확인하는 것이 좋다. 외식업은 가능한 업종이니 지역만 확인하면 된다.

세금에 숨어 있는 이익을 확보하는 방법은 꼼수를 안 부리는 것이다. 꼼수를 부리면 꼼수를 해결하기 위한 비용과 가산세로 손해를 더 크게 본다. 내야 할 세금은 내고 가산세처럼 불필요한 세금은 안 내도록 관리하는 것이 숨어 있는 이익을 확보하는 현명한 방법이다.

현금흐름을 관리하는
3가지 노하우

▎이익이 났는데 통장에 현금이 없다?

간혹 가맹점이 많은 프랜차이즈 본사에서 통장에 현금이 없다고 하는 소리를 들을 때가 있다. 중심 상권에서는 꼭 보이는 인기 있는 프랜차이즈 업체인데 왜 본사는 그렇게 앓는 소리를 하는 걸까 늘 궁금했다. 그때는 이익은 났으나 매출채권 때문인 경우가 많다. 매출채권은 한마디로 '외상'을 말한다. 물건을 팔았지만 아직 대금을 받지 못했거나 어음 등의 신용채권으로 가지고 있는 것이다. 이를테면 가맹점에 식자재를 공급해 장부상에 매출과 이익은 발생했으나 가맹점에서 대금을 입금하지 않아 현금이 없는 것이다. 따라서 매출채권이 입금이 되어야 비로소 제대로 장사를 한 것이라 볼 수 있다.

반면 가맹점주들 가운데도 장사가 잘되는데도 현금이 없다고 힘들어하는 하는 경우도 있다. 가맹점주들은 고객에게 메뉴를 제공하고 바로 현금이나 카드로 결제를 받기 때문에 프랜차이즈 본사와는 달리 매일 통장으로 현금이 들어온다. 외상으로 식대를 주는 경우도 드물기 때문에 이익과 현금의 차이가 크지 않다. 그런데도 통장에 돈이 없다고 푸념하는 것은 왜일까? 이때는 사업자 통장과 개인 통장 구분 없이 매일 들어오는 돈을 그때그때 필요한 개인 용도에 쓰는 바람에 현금흐름을 놓치기 때문인 경우가 대부분이다.

그래서 이익과 현금에 차이가 나는 것이다. 이익이 아무리 많이 나도 현금이 없으면 매장을 운영할 수 없다. 반대로 이익이 안 나도 현금이 있으면 매장을 꾸려나갈 수 있다. 즉 손에 쥘 수 없는 장부상의 이익 말고 손으로 만질 수 있는 현금이 중요하다. 이익을 바로 현금으로 바꿀 수 있어야 한다.

▮ '돈맥경화'에 빠지지 말고 현금이 흐르게 하자

어떤 사업이든 일단 시작하면 끊임없이 현금이 들어오고 나가게 된다. 이때 손익계산서만 믿고 지속적으로 흐르는 현금을 놓치거나 갑작스럽게 인테리어 리뉴얼을 하거나 주방기기에 투자하는 결정을 하면 현금 부족이 발생할 수 있다. 돈이 제대로 흐르지 않는 '돈맥경화'에 빠지게 된다.

돈맥경화에 빠지지 않기 위해서는 현금흐름표를 알아야 한다. 현금흐름표는 현금이 어떤 경위로 늘어났거나 줄었는지 설명하는 자료다. 현금은 크게 영업 활동, 투자 활동 및 재무 활동을 통해 매일 들어오고 나간다. 세 가지 활동 가운데 영업 활동의 결과는 손익계산서의 당기순이익과 연결이 된다. 즉 매출, 매입 등 매장의 영업 활동에 따른 현금의 움직임을 나타낸다. 매장 한 군데를 운영하면서 일어나는 투자 활동과 재무 활동은 많지 않다. 이에 재무제표 양식을 그대로 사용하기보다는 영업 활동 현금흐름을 중심으로 매일 입금, 출금, 잔액 현황을 작성하는 것이 좋다. 이를 통해 매일 현금 잔액을 확인해야 한다. 전월 말에 비해 왜 현금이 늘어났는지, 혹은 줄어들었는지 확실히 파악해야 한다. 이익과 현금의 흐름은 동일하지 않기 때문에 현금흐름을 파악하는 것이 중요한 경영 능력이다.

돈이 들어오고 나가는 것에 정통해지면 현금을 통장에 오랜 기간 유지하거나 늘릴 방법을 찾아야 한다. 매장을 운영하면서 중요한 역량 중 하나는 자금조달 능력이다. 직원과 사장을 구분하는 핵심이다. 자금을 조달하는 가장 좋은 방법은 이익을 올려 현금을 늘리는 방법이다. 반대로 이익이 나지 않고 손실을 보면 현금은 줄어든다. 그리고 줄 돈을 다 주면 현금이 줄어든다. 식재료 비용, 대출 원금과 이자, 임차료, 세금 등을 제때 다 주면 현금이 줄어든다.

현금이 줄어드는 것을 막기 위해서 대출을 통해 현금을 늘릴 수도 있다. 그리고 들어오는 돈과 나가는 돈의 시간 차이를 이용해서 현금을 늘릴 수 있다. 가령 식재료 결제일을 익월말로 변경하면 한 달 이상 현금이 나가지 않고 확보할 수 있다. 부가가치세를 납부할 상황이 안 되거나 납부하면 현금이 마르게 되는 경우, 납부기한 연장 신청을 할 수 있다.

돈 나가는 것을 통제하는 것이 가장 좋다

돈이 들어오는 것을 통제할 필요가 있는 비즈니스도 있지만 외식업은 그럴 필요가 없다. 그러나 돈 나가는 것은 모든 비즈니스에서 통제할 필요가 있다. 매장을 운영하다 보면 수시로 돈이 나갈 때가 많다. 통장에서 현금이 빠져나가고 지갑에서도 나가고 카드로도 빠져나간다. 이러다 보면 한 달에 얼마나 현금이 나가고 언제 나가는지 파악이 안 된다. 더 큰 문제는 정작 중요한 지출을 해야 할 때 현금이 없이 발을 동동 굴러야 하는 것이다.

그래서 정해진 날짜에 현금이 나가도록 지출일을 정해놓는 것이 좋다. 지출일을 정할 때 전제해야 할 것은 지출 횟수 자체를 줄이는 일이다. 이를테면 식재료 업체에 나가야 할 돈은 매달 정해진 날짜에 한 번에 지급한다든지 하는 원칙을 정하는 것이다. 급여는 매월 10일로 하고 다른 지출은 매월 말일로 몰아서 하는 것이 좋다. 모든 비용을 하루에 지출하는 방법도 해보았는데 목돈이 나가게 되어 부담스러웠다. 그래서 급여와 구분해서 시간을 벌려놓아서 현금을 흐르게 했다.

정해진 지출일까지 지출을 하지 않으면 통장에 현금이 쌓인다. 매일 매출은 통장으로 들어오고 나가는 돈은 없기 때문이다. 지출일을 정해놓으면 매장 살림살이를 통장만 보고도 한눈에 파악할 수 있다. 한 달 지출 규모를 파악하고 있으면 현금흐름 관리에 도움이 된다. 언제까지 얼마의 현금이 있어야 지출에 문제가 없는지 알 수 있고 미리 준비할 수 있는 여유를 준다.

그리고 목돈이 나가는 것을 미리 준비해놓는 것이 좋다. 미래의 현금흐름을 관리해놓는 것이다. 목돈으로 나갈 돈은 퇴직금, 세금, 재투자금이다. 준비되지 않은 상태에서 한 번에 목돈이 나가야 하는데 현금이 모자라면 당혹스럽다. 갑자기 대출받기도 여의치 않을 수 있다. 이를 대비하기 위해서 각각의 목적 통장을 만들어서 목돈을 만들기 위해 매월 적립하는 것이다. 퇴직금 통장에는 급여의 8.3%에 해당하는 현금을 이체시키면 된다. 세금 통장에는 부가가치세와 종합소득세를 대비해서 적립하면 된다. 아깝다고 생각하지 말고 통장에 들어오는 모든 돈이 내 돈이 아니라고 생각해야 한다. 고객으로부터 받아놓은 것을 대신해서 내는 것이라고 생각하고 적립하는 것이다. 매출의 10%가 부가가치세다. 그래서 총 매출의 10%는 내 돈이 아니라고 생각해야 한다.

그러나 식재료나 비품 등을 구매하면서 부가가치세를 낸 것이 있기 때문에 매출의 10%를 모두 납부하는 것은 아니다. 내간 낸 세금만큼은 공제해준다. 즉 내가 고객으로부터 받은 부가가치세(매출세액)에서 본인이 낸 부가가치세(매입세액)를 빼고 납부하면 된다. 여기에 신용카드 발행세액 공제와 의제매입 세액 공제를 추가로 뺀 세금을 최종 납부하면 된다. 그래서 매출의 10%를 모두 적립할 필요는 없고 5% 정도 세금 통장에 적립하면 된다. 적립한 세금을 내고 난 후의 통장에 있는 현금이 진짜다.

재투자를 위한 적립은 감가상각비를 적립하라는 의미이다. 전술했듯이 감각상각비는 회계장부에는 비용으로 잡히지만 실제 현금이 지출되지 않는 비용이다. 그래서 통장에 현금이 남아 있을 수 있다. 감가상각비에 해당하는 금액임을 모르고 통장에 돈이 남아 있다고 해서 지출해버리면 나중에 시설투자를 할 때 필요한 현금을 별도로 만들어야 한다. 영업을 위한 인테리어, 주방기기 등의 자산가치가 감소되는 만큼 채워 넣어야 되는 때를 대비해서 준비해놓는 것이 좋다. 현재 매장을 리뉴얼하는 것이 아니라 다른 곳에서 영업을 하기 위해서도 마찬가지다. 이를 위해 감가상각비를 회계 장부상 비용이 아닌 실제 비용으로 인식하고 감가상각비 통장을 만들어서 적립하면 된다.

공과 사를 구분하는 습관

현금을 유지하고 확보를 해도 나가는 것을 통제하지 못하면 밑 빠진 독에 물 붓는 형국이 되어버린다. 이를 위해 통장을 구분해서 사용하는 것이 좋다. 우선 개인 통장과 사업 통장을 구분해야 한다. 사업 통장의 돈을 개인 용도에 사용하지 않기 위함이다. 본인의 급여도 책정해서 급여 일에 개인 통장으로 이체해서 사업 통장과 개인 지출을 분리해야 한다.

그리고 매장 자산을 개인 용도로 사용하지 않아야 한다. 특히 재고자산인 식재료를 집으로 가지고 가서 사용하는 것을 주의해야 한다. 정확한 매출원가를 뽑을 수 없어 의사결정에 오류가 생길 수 있고 직원들이 따라 할 수도 있다. 가족들이나 지인들에게 외상으로 식사를 제공하는 것도 하지 말아야 한다. 직원들의 노동을 헛되이 하는 것이다. 제공한다면 본인이 결제를 해야 한다.

공과 사를 구분하는 것은 당장의 현금흐름 관리에도 도움이 되지만 나중에 사업이 번창해 법인으로 전환했을 때도 투명한 경영을 할 수 있게 하는 습관을 만들 수 있다. 반대로 구분하지 못하는 습관을 들이면 법인 전환 후에도 사업통장의 현금을 개인 용도로 사용하게 된다. 이로 인해 가지급금으로 곤란을 겪을 수 있다.

실제 현금의 지출은 있었지만 거래 내용이 미확정인 경우에 회계상 가지급금이라고 한다. 그러나 자금의 사용 용도를 명확히 하지 못해 일반적으로는 법인의 대표가 업무와 관련 없이 법인으로부터 인출해간 돈으로 본다. 그래서 기업의 차입금으로 분류된다. 이는 매년 4.6%의 인정이자를 발생시키고 법인의 과세 소득에 포함되어 법인세를 높인다. 대표 개인 소득세에도 영향을 미친다. 공과 사를 구분하는 현금관리 습관으로 불필요한 감정과 비용 소모를 사전에 차단하는 것이 좋다.

현금 여유는
생존의 여유

결산서는 이용하는 것이 목적이다

결산은 일정한 기간 동안 들어온 돈과 나간 돈을 마감해 계산하는 것이다. 즉 영업 결과를 정리하는 것이다. 기간에 따라 1일 결산, 주간 결산, 월간 결산, 분기 결산, 반기 결산, 연간 결산으로 분류할 수 있다. 1일 결산은 매장 문 열기 전에 계획했던 것들을 실행해서 결과로 나온 숫자를 점검하는 것이다. 전날 결산하고 내일 예산을 세우면서 할 일을 정리하는 것이 좋다. 아니면 매장에 출근하면서 머릿속으로 오늘 할 일에 대해 이미지화하는 것이 좋다. 즉 하루치 계획(Plan), 실행(Do), 평가(See)를 피드백하는 것이다. 이것을 매일 하다 보면 연간 결산도 어렵지 않게 할 수 있다. 연간 계획, 실행, 평가도 마찬가지다.

회계에서 말하는 결산은 거래가 속하는 회계기간(보통 매년 1월 1일부터 12월 31일까지)에 계산을 끝내고 장부를 정리해 재무제표를 작성하는 절차다. 그래서 1일 결산, 월간 결산 등은 가결산이라 할 수 있다. 가결산이지만 의사결정을 위한 중요한 기준이 되기 때문에 매일 결산하는 습관을 가져야 한다. 감으로 할 수 있는 능력자는 몇 안 된다. 자신이 그중의 한 명일 것이라고 생각하지 말자.

숫자는 매일 변하고 숫자를 모아놓으면 데이터가 된다. 데이터를 비교하고 분석해서 현금력에 힘을 더하기 위해 결산이 필요하다. 결산서를 작성하는 것이 목적이 아니다. 작성했다고 해서 관리를 잘 하는 것이 아니다. 이용하는 것이 목적이고 제대로 하는 것이다.

▍1일 결산으로 하루를 마감하자

다음 페이지에 나와 있는 표의 결산자료는 손익과 현금 현황을 같이 볼 수 있도록 되어 있다. 매일 영업 숫자를 입력해 결산하게 되어 있고 주간 및 월간 결산까지 할 수 있다. 예시를 들어 5월 1일부터 7일까지로 해놓은 것이고 월말까지 추가해서 작성하면 된다. 매장 특성과 경영자의 관리 방향에 따라 수정 및 보완해서 사용하면 된다.

일요일은 휴무인 매장이기 때문에 7일 매출은 공란이다. 7일은 영업을 하지 않기 때문에 변동비인 식재료 매입금액, 카드수수료 등은 공란으로 두었다. 그러나 급여, 임차료, 퇴직금충당금, 감가상각비 등은 고정비이기 때문에 매장 영업을 안 해도 나가야 하는 비용이다. 휴무인 7일에도 비용이 입력되어 있는 이유다. 한 달치 나가야 할 비용을 영업일수로 나누어서 1일 비용을 입력하면 된다. 월간

1일 결산자료 예시

	항목	%	5월 누계	1 월	2 화
매출		100%	7,500,000	1,250,000	1,250,000
	카드	92.0%	6,900,000	1,150,000	1,150,000
	현금	8.0%	600,000	100,000	100,000
매출원가 (매입금액)	A업체	20.0%	1,500,000	250,000	250,000
	B업체	12.0%	900,000	150,000	150,000
	계	32.0%	2,400,000	400,000	400,000
매출총이익		**68.0%**	**5,100,000**	**850,000**	**850,000**
고정비	급여(이름)	10.3%	770,000	110,000	110,000
	급여(이름)	10.3%	770,000	110,000	110,000
	급여(이름)	10.3%	770,000	110,000	110,000
	급여(계)	30.8%	2,310,000	330,000	330,000
	퇴직충당금	2.3%	175,000	25,000	25,000
	임차료	6.5%	490,000	70,000	70,000
	감가상각비	2.8%	210,000	30,000	30,000
	화재보험	0.1%	10,500	1,500	1,500
	통신비	0.1%	7,000	1,000	1,000
	음식물쓰레기	0.1%	6,000	1,000	1,000
	정수기	0.1%	10,500	1,500	1,500
	세무기장료	0.3%	21,000	3,000	3,000
	계	12.4%	930,000	133,000	133,000
변동비	카드수수료	1.3%	89,700	14,950	14,950
	수도광열비	3.0%	225,000	37,500	37,500
	부가세예수금	5.0%	375,000	62,500	62,500
	광고선전비				
	소모품비				
	수선비				
	계	9.2%	689,700	114,950	114,950
판매관리비합계		52%	3,929,700	577,950	577,950
영업이익		**15.6%**	**1,170,300**	**272,050**	**272,050**
입금	전월이월		10,000,000	10,000,000	
	카드매출		6,810,300	2,270,100	1,135,050
	현금매출		600,000	200,000	100,000
	계		17,410,300	12,470,100	1,235,050
출금	급여				
	퇴직충당금				
	임차료				
	감가상각비				
	부가세예수금				
	계		2,100,000	—	—
잔액			**15,310,300**	**12,470,100**	**13,705,150**

3	4	5	6	7
수	목	금	토	일
1,250,000	1,250,000	1,250,000	1,250,000	
1,150,000	1,150,000	1,150,000	1,150,000	
100,000	100,000	100,000	100,000	
250,000	250,000	250,000	250,000	
150,000	150,000	150,000	150,000	
400,000	400,000	400,000	400,000	−
850,000	850,000	850,000	850,000	−
110,000	110,000	110,000	110,000	110,000
110,000	110,000	110,000	110,000	110,000
110,000	110,000	110,000	110,000	110,000
330,000	330,000	330,000	330,000	330,000
25,000	25,000	25,000	25,000	25,000
70,000	70,000	70,000	70,000	70,000
30,000	30,000	30,000	30,000	30,000
1,500	1,500	1,500	1,500	1,500
1,000	1,000	1,000	1,000	1,000
1,000	1,000	1,000	1,000	
1,500	1,500	1,500	1,500	1,500
3,000	3,000	3,000	3,000	3,000
133,000	133,000	133,000	133,000	132,000
14,950	14,950	14,950	14,950	
37,500	37,500	37,500	37,500	
62,500	62,500	62,500	62,500	
114,950	114,950	114,950	114,950	−
577,950	577,950	577,950	577,950	462,000
272,050	272,050	272,050	272,050	−462,000
1,135,050	1,135,050	1,135,050		
100,000	100,000	100,000		
1,235,050	1,235,050	1,235,050	−	−
		2,100,000		
−	−	2,100,000	−	−
14,940,200	16,175,250	15,310,300	15,310,300	15,310,300

결산을 할 때 확정된 비용을 반영해서 월간 손익을 정리하면 된다.

판매비와 관리비는 고정비와 변동비로 구분했다. 구분해서 보면 매출의 변동에 따라 영업이익이 어떻게 변화가 되는지 파악할 수 있다. 그리고 손익분기점 비율(실제 매출액 / 손익분기점 매출액)을 확인해서 이익구조가 건전한지 판단을 하는 데 용이하다. 다음 자료에 따르면 손익분기점 매출액은 5,509,829원이다(고정비 3,240,000원 / 공헌이익율 58.8%). 실제 매출액은 7,500,000원이므로 손익분기점 비율은 73%가 된다(7,500,000원 / 5,509,829원). 손익분기점 비율이 낮을수록 좋으며 75% 미만은 건전한 상황이라고 볼 수 있다. 반대로 95% 이상은 위험한 상황으로 고정비를 줄이기 위한 액션을 취해야 한다.

앞에서도 이야기했듯이 이익과 현금에는 차이가 있으므로 1일 결산 시에 돈이 들어오고 나가는 것도 함께 정리해 통장 잔액인 현금을 확인하는 습관을 가져야 한다. 표와 같이 현금이 움직이는 것을 볼 수 있도록 입금, 출금, 잔액으로 구분해서 정리해도 충분하다. 주말에는 카드 매출이 입금되지 않고, 현금도 입금할 수 없기 때문에 월요일에 입금액이 다른 요일에 비해 많을 수 있다. 손익결산 자료에는 급여, 임차료, 퇴직금충당금, 감가상각비, 식자료 매입비용 등은 매일 나가는 비용으로 잡혀 있지만 실제로 현금이 나간 것은 아니다. 지출일을 정해서 출금하고 출금 내역을 정리하면 된다. 지출일까지는 현금이 쌓이게 된다. 전월 이월은 전월 말일 기준 현금 잔액이 넘어온 것이다. 이렇게 하면 평상시에 내가 한 달에 필요한 현금이 어느 정도이고 언제 모자라게 되는지 파악해서 대비를 할 수 있다.

주의할 것은 기계적으로 숫자만 입력하는 것이다. 이러면 결산의 의미가 없다. 숫자의 차이를 찾는 것부터 하면 된다. 목표 및 전월에 비해 크게 증가했거나 감소하는 경우 증감 원인을 명확히 규명하고 그것이 타당한 이유인지 아니면 개선해야 할 점이 있는지 검토해야 한다. 매달 있어야 할 비용이 너무 많거나 적지는 않은가, 혹은 어떤 비용의 숫자가 비정상적이지는 않은가 등을 확인해야 한다. 나가야 할 돈이 있는데 현금이 부족한 경우 감가상각비 통장이나 세금 통장에서 융통하고 언제 다시 채워 넣을 것인지도 1일 결산을 하면서 예산을 정리하면 된다.

한 달 동안 필요한 현금을 목표로 예산을 세우자

결산은 과거다. 끝나버린 과거의 숫자를 붙들고 있어봐야 이익이 나오는 것은 아니다. 미래의 숫자를 계산하지 않는 한 이익은 물론 현금도 잡을 수 없다. 그래서 미래의 숫자를 계산하는 계획인 예산을 세우는 것이 필요하다. 매장을 운영하기 하기 위해 얼마가 필요하고 이를 위해 얼마를 벌어야 하는가를 숫자로 표시하는 것이다. 현금이 떨어지지 않도록 예산을 세우는 것이 가장 중요하다.

이를 위해 매출을 먼저 생각하지 말고 이익이 얼마나 되어야 하는지를 먼저 결정하는 것이 좋다. 그런 다음 이익을 확보하려면 매출이 얼마나 되어야 하는지 전후를 생각하는 방식으로 매출을 정한다. 어쨌든 이익이 있어야 현금도 발생할 수 있기 때문이다. 매출에서 비용을 빼야 이익을 얻을 수 있는 것이 아니다. 이익을 얻기 위해서는 매출에서 비용을 빼야 한다고 역순으로 생각하는 것이다. 이익을 확보하기 위한 매출은 얼마이며 비용은 얼마까지 통제하겠다는 예산 결정을 하는 것이다. 그리고 이익을 달성하기 위해 해야 할 일들을 정하면 된다. 이것이 예산을 세우는 것이다.

이익 목표를 잡아야 한다고 해서 전문적으로 접근할 필요는 없다. 내가 한 달 동안 필요한 현금을 목표로 하면 된다. 우선 월 단위로 목표를 세워보자. 전월보다 현금이 더 늘어나도록 예산을 세우고 실행하면 된다. 그 다음에 분기, 반기, 연간 목표를 세워보면 된다. 필요한 돈, 이익 목표를 역산해보면 전월보다 매출을 몇 퍼센트 올려야 하는지, 비용을 어디까지 통제해야 하는지 판단이 선다.

현금이 부족하게 되는 리스크 대비도 해놓아야 한다. 감가상각비 통장, 퇴직금 통장, 세금 통장의 현금으로 안 될 경우, 외부에서 자금을 끌어와야 한다. 지인, 정부기관, 은행 등 자금을 융통할 수 있는 곳을 정해놓고 관계를 만들어놓아야 한다. 자금 융통에서 벼락치기는 통하지 않는다. 평소에 신용을 쌓아놓지 않으면 급할 때 내 의지대로 움직여주지 않는다.

'곳간에서 인심 난다'고 했다. 현금이 부족하지 않게 돌아가게 되면 생각의 여유는 넓어지고 매장 운영에 더욱 집중할 수 있게 된다. 이는 상품력과 서비스가 나빠질 틈이 없게 하고 고객들을 재방문하게 만든다. 현금이 계속 들어오는 선순환이 만들어지게 된다.

행복한 현금 사용 계획을 위하여

행복한 현금 사용 계획을 위해 목표보다 현금을 많이 확보하면 어떻게 사용할 것인지 현금 사용 계획도 세워보자. 상상만 해도 신나는 계획이다. 그런데 이런 계획을 세우지 않으면 눈앞에 쌓인 현금에 만족해서 허투루 사용할 가능성이 있다. 지난날의 수고를 보상하기 위해 불필요한 소비와 본인의 영역이 아닌 투자의 유혹에 빠질 수 있다.

이렇게 되면 기회비용이 발생하거나 기회이익의 상실로 이어진다. 얻은 것 없이 현금만 빠져나가게 된다. 내년, 내후년까지 앞을 내다보면서 현금 사용 계획을 세우는 것이 좋다. 일부는 내부 유보로 쌓아놓고 일부는 미래를 위한 투자에 사용하는 계획을 세워보자.

우선 고객이 불편해하는 부분을 해결할 수 있는 투자를 우선순위로 둘 수 있다. 그리고 직원들의 노동 품질과 삶의 질을 향상할 수 있는 교육과 복리후생에 사용할 수 있다. 원가에 투자해 고객에게 제공하는 상차림을 더욱 건강하고 풍성하게 차려낼 수도 있다. 궁극적으로 고객의 이익과 관련된 현금 지출이며 매장의 활기를 순환시켜주는 현금이다.

돈이 고이면 썩는다고 한다. 혈액과 같은 돈이 돌고 돌아야 매장 건강을 오래 유지할 수 있다. 고객들에게 오랫동안 사랑받을 수 있고 받은 만큼 돌려주는 선순환으로 창직의 행복을 만끽할 수 있다. 롤 모델이 되어 행복한 창직을 권하는 풍토를 조성해보자.

진심이 통하는
매장 운영법

진심을 대접합니다

이종택 지음 | 15,000원

20년 전 손님이 지금까지 찾아오는
작은 만두 가게 장사 비법

위기 속에서도 기회를 찾는 사람은 분명히 존재한다. 그렇기에 누구나 그 방법
을 찾아내고 실천하고 싶은 마음이 굴뚝같을 것이다. 잘되는 매장은 경제와 상
관없이 계속해서 손님들이 줄을 선다는 것을 알기 때문이다. 저자는 오랜 시간
식당 경영을 하면서 고객마다 다른 취향과 입맛을 사로잡는 방법을 찾은 동시
에 단골손님까지 지속적으로 늘려가고 있다. 이 힘든 시기를 버티고 있는 모든
자영업자에게 우리 가게만의 맛을 지키고, 단순히 한 끼의 식사가 아닌 추억을
만들어주는 방법과 무엇보다 손님을 끌어당기는 비결을 나누고자 한다.

'제대로' 차별화
하는 장사 백서

무패 장사

박호영 지음 | 17,000원

하루 매출 0원에서 1시간 매출 100만 원을 달성한
일류 사장의 장사 해법서

이 책은 출구를 찾기 위해 치열하게 식당 경영을 공부한 저자의 노하우를 아
낌없이 담았다. 식당은 손해를 보지 않고도 손님에게 '만족'이라는 가치를 제
공할 수 있는 '가치비'라는 새로운 개념을 만들어, 손님들이 계속해서 찾아오
게 만드는 식당을 이뤄냈다. 현재 불황의 시기에도 하루 점심 장사 3시간만
으로도 기백만 원을 벌어들인다. 지금의 힘든 시기가 끝나면 한동안은 경기가
좋을 수 있지만, 위기의 순간은 언제든 다시 찾아온다. 그럴 때 이 책은 당신
에게 '무패 장사'를 가능케 하는 '무기'가 될 것이다!

20평 매장에서 월 1억 원 매출 올리기

장사의 혼(魂)

마숙희 지음 | 16,000원

"속지 마라, 장사는 혼(魂)을 파는 것이다!"
영혼을 담는 것이 장사의 기본

이태원 상권에서 10년 동안 계속해서 사랑받는 매장이 있다. 바로 '야키토리 고우'다. 월 1억 원의 매출을 내며 한 번도 안 와본 사람은 있어도 한 번만 온 사람은 없다는 야키토리 고우. 다양한 예능 프로그램에도 맛집으로 소문이 났다. 이 책은 '야키토리 고우'가 손님들에게 사랑받는 비결과 운영 노하우를 담았다. 어떤 위기가 닥쳐도 흔들리지 않으려면 기본이 단단해야 함을 계속해서 강조한다. 그래서 그 기본을 중심으로 맛을 지키고, 생동감을 팔며, 무엇보다 고객에게 가장 최상의 것을 전하고자 한다.

행동력 하나로 성공하는 방법

운명을 바꾸는 행동의 힘

유선국 지음 | 14,000원

여전히 생각 속에서만 살고 있으신가요?
지금 당신의 마음속에 잠재된 거인을 깨워드립니다!

'돈 많이 벌고 싶다', '잘살고 싶다', '즐기면서 살고 싶다', 'SNS 사진 속 사람들처럼 여유로워지고 싶다'. 일상을 살아가면서 한 번쯤 해봤을 생각들이다. 하지만 이런 생각이 들 때면 뭔가 설렘보다는 두려움이 먼저 앞선다. 왜 일까? 요즘처럼 살아남기 힘든 세상이 없다고 느끼는 우리에게 가장 필요한 건 이 무모해 보일지도 모를 행동의 힘이다. 나를 가장 단단하게 만들어줄 행동의 힘, 그 힘이야말로 꿈은 물론 현실에 맞설 힘과 원하는 만큼의 돈을 가져다줄 것이다. 지금 당장 당신의 바뀔 운명을 위해 행동하라!